교양만화로 배우는 글로벌 인생 학교

어메이징 디스커버리 ③
독일

글·그림 **김재훈** | 감수 조성복

독일

어메이징 디스커버리❸

교양만화로 배우는 글로벌 인생 학교

위즈덤하우스

| 차례 |

독일!

홍설록

우유부단한 성격이지만 강가영에 관한 일이라면 망설이지 않고
실행하는 행동파. 창의적이고 상상력이 풍부하다.

강가영

원하는 건 꼭 해내는 성격. 먹을 걸 좋아하는 단순한 면도 있다.
오랫동안 자신을 짝사랑해온 홍설록에게 마음을 열기 시작한다.

장화순

홍설록의 친구. 학력은 높지만 생각이 너무 많아 아직 백수이다.
냉소적이고 회의적인 성격이지만 은근히 주변을 챙긴다.

백범영

대한민국 최고 대학의 사회학과 교수이자 사회과학대 학장. 장회
장과 베를린 장벽 돌조각을 놓고 내기를 한 뒤 여행에 합류한다.

신수길

소위 스펙 좋은 교수이지만 상상력이 부족해 스승인 백범영에게
늘 구박받는다. 세상을 물질과 숫자로만 바라보는 속물적인 성격.

장석대

대한민국 서열 1위 기업의 소유주이자 회장. 행복 프로젝트와 장
미재단의 바이올린 신동 장요한을 위해 독일 여행을 계획한다.

장장미

장석대 회장의 손녀이자 장화순의 누나. 장미그룹 산하 장미재단
의 홍보책임자를 맡고 있다.

제1화

"샤콘느"

바흐 BWV 1004
무반주 바이올린 파르티타 2번 d단조

요한아, 너 어디 멀리 가는 거 싫어하잖아?

응, 낯선 데는 겁나요.

콩쿠르도 질색하고.

응, 실력 겨루기 같은 거 싫어요.

사람들한테 주목받는 것도 꺼리고.

응, 알려지면 피곤해요.

그런데 느닷없이 왜?

그냥.

그냥…?

……

하하하하 그래, 보내줄게.

우리 요한이가 가고 싶다는데,

당연히 보내줘야지.

응.

009

장미야, 독일 일정 잡아라.

정말 그냥 보내시게요?
이유도 확인 안 하시고요?

장장미
장미재단 홍보이사
장석대 회장의 손녀

이유는 내가 안다.

아신다고요?

그래, 그 녀석 이것
때문에 가려는 거야.

?

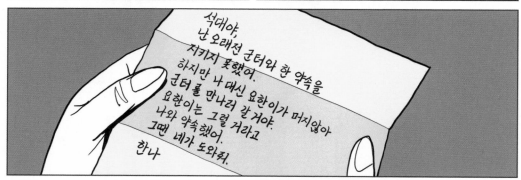

석대야,
난 오래전 군터와 한 약속을
지키지 못했어.
하지만 나 대신 요한이가 머지않아
군터를 만나러 갈 거야.
요한이는 그럴 거라고
나와 약속했어.
그땐 네가 도와줘.
한나

한나라면? 요한이 할머니?

재작년에 나한테 남긴 편지야.

군터는 누구고, 약속은 뭐예요?

후후후….

내 평생 들어본 음악 중에 가장 위대한 건 두 개란다.

하나는 이론의 여지가 없는, 베토벤의 9번 교향곡이지.

그리고 또 하나는…

단 한 대의 바이올린 선율만으로 거대한 오케스트라의 감동을 능가하는 명곡.

뭔데요?

요한 세바스티안 바흐의 무반주 바이올린 파르티타 2번.

아! 「샤콘느」요?

한세상 살아낸 인간의 비극과 환희를 모조리 네 줄의 현에 담은 듯한 곡이지.

그래서 어지간히 연마한 기교만으로는 감동을 줄 수 없는 곡이기도 하죠.

인생의 회한을 품은 원숙한 손으로 활을 그어야 제맛이니까.

저도 좋아해요, 그 곡.

그 곡의 심오하고 복잡한 감성이
독일을 닮았다고 하면 억지일까?

비극을 치유하는 아픔과 반성,
그리고 비장한 희망 말이야.

어쨌든 내가 아는 한 최고의
샤콘느 연주자가 두 명 있단다.

누군데요?

한 사람은 1992년에 88세의
일기로 타계한 나탄 밀슈타인.

정말 대단한 분이었죠.

엄격하고 관조적이면서도
격정이 넘치는 연주를 펼쳤던….

Nathan
Milstein

그리고 또 한 명은 누구예요?

요한이 할머니야. 세상에 이름을
알리지 않고 살았던 바이올리니스트.

아!

타고난 천재였지만 끝내 자신의
바이올린을 무대에 올리길 거부했지.

그런데 그녀는 자기처럼 세상에 나서지 않는 천재가 한 명 더 있다고 했어.

군터라는 분이군요.

맞아. 두 사람은 어린 시절 독일에서 공부할 때 약속했대.

나이 들어 인생을 이해하게 되었을 때, 서로 각자의 샤콘느를 가지고 만나기로.

그녀는 병으로 세상을 떠났지만 이제 때가 된 거야.

하지만 요한이는 겨우 열한 살이잖아요?

후후후, 그 녀석 할머니 닮아서 바이올린에 관해선 생각이 깊단다.

요한이는 그 곡을 연주할 섣부른 자신감이 생긴 게 아냐.

할머니의 친구였던 또 다른 노인의 연주를 가슴에 담을 준비가 된 거지.

자신만의 샤콘느를 새로 꾸려갈 준비…….

자! 여러분이 프로젝트를 수행할 세 번째 나라가 정해졌습니다.

장미재단 사회문화연구소

어디?

독일입니다.

독일?

독일, 흥미로울 것 같은데?

통일에 관한 이야기도 있을 테고.

질문 있습니다!

저는 광명대 교수이자,
이 프로젝트의 리더입니다.

리더?

정말?

그런 저와 먼저 의논하고
결정해야 되지 않겠습니까?

신수길
광명대학교
선임 연구교수

내가 결정했네.

덜컹

회장님!

독일은 한국 사람들에게도
여러모로 의미 있다고 생각해.

그래서 자네 대학
학장과 의논했다네.

영 맘에 안 드나?
그럼 재고해보겠네.

탁월한 선택이십니다! 저도
독일을 생각하고 있었습니다!

……

……

자! 그럼 답사에 앞서 제군들의 주요 관심사에 대해 들어볼까?

독일을 생각할 때 떠오르는 걸 한마디씩 얘기해보자고.

역시 '통일' 아닐까요?

장화순
물리학 전공 박사 과정
장석대 회장의 손자

동서로 나뉜 채로 냉전을 겪고 드라마틱하게 합친 나라니까,

통일 과정에서 주변 관련국들의 이해관계를 어떻게 풀었는지,

막대한 통일 비용을 치르고도

어떻게 오늘날 한 손에 꼽히는 경제력 순위를 유지할 수 있는지.

여전히 갈라선 한반도에 사는 우리로선 그들의 경험이 참고가 될 것 같아요.

전 두 가지 면모,

'양면'이라고 생각해요.

강가영
산업디자인 전공
장미재단 객원 연구원

독일은 근대 이후 세계사의
무대에서 단연 주역이었어요.

루터는 서양 세계관의
축을 흔들었고,

구텐베르크는 미디어의
지평을 열었죠.

괴테, 칸트 같은 위대한 지성과

수많은 과학자들.

하지만 가장 악랄했던
악역이 모든 명성을 덮었죠.

그들의 번영은 시련의
기억 위에 서 있어요.

그래서 전 여전히 낙관할 수 없는
독일이 짊어진 양면을 알고 싶어요.

흠, 좋아. 그럼 오늘날 독일의 번영은 어디에서 기인한다고 보나?

전 '다양성'이라고 생각합니다.

다양성이라고? 의외인데?

독일은 오랫동안 단일국가가 아닌 많은 영지로 나뉘어 있었습니다.

당연히 지역별로 독립된 문화와 경제 체제가 유지되었을 테고,

그런 관습과 저력은 지금도 남아 있습니다.

바이에른, 튀링엔, 작센 등 연방에 속한 여러 주와 도시에 말입니다.

그래서 전 독일 지방자치의 근간인 지역 다양성을 알아보고 싶습니다.

오, 신 교수! 기대가 되는걸? 잘해봐.

열과 성의를 다하겠습니다!

자! 그럼 우리 만화의 주인공, 홍설록 군 생각은 어때?

자넨 독일에 가서 뭘 가장 중심으로 볼 건가?

저는……

가영이만 바라보겠습니다!!

만화가는 왜 자네를 주인공으로 그렸을까?

……

제2화

"작은 돌"
독일에 가는 이유

자네 같으면 이걸 얼마에 사겠나?

무슨 말씀?

그런 걸 왜 돈 주고 삽니까?

발에 차여도 줍지도 않을 텐데.

그렇지?

보석도 아니고 모양이 특별한 것도 아니고.

그런데 말이야.

이런 걸 어디서는 10유로에 판다는군.

대체 어디서요?

베를린.

베… 를… 린?

응.

장벽의 돌이군요.

역시 눈치 하나는….

021

통일 독일에선 무너진 장벽의 부스러기조차 상품이 된다.

그럴듯하네요.

분단을 깨트린 화합의 상징이니까.

그런데 이게 진짜 장벽인지 어떻게 압니까?

뭔 소리야?

아무거나 주워다가 장벽입네 해도 누가 알겠느냔 말입니다.

아무렴 어때?

......?

이걸 사는 사람들한테 돌의 진위가 뭐 대수야?

그게 무슨?

그들이 지불하는 건 돌값이 아닌걸.

그럼 뭐?

돌은 그저 당시의 감격을 떠올리게 하는 매개일 뿐.

돌로 표상되는 역사의 장면.

그 환희의 기억을
10유로에 살 수 있다면

속는 셈 쳐도 돈이
아깝지 않을 걸세.

저는 아까울 것 같은데요?

내기할까?

무슨 내기요?

베를린에 가면 '자네도 이 돌을
안 사고는 못 배긴다'에 걸지.

뭘 거실 겁니까?

나야 뭐…

가진 게 돈밖에 더 있겠나?

광명대학교 사회연구소

알겠느냐?

우린 이번에 독일 가서 돌을
안 사기만 해도 된다는 거다.

그러니까 보고서 채택
여부에 상관없이

돌만 안 사도 포상금을
받는다는 겁니까?

그렇다!

그게 얼맙니까?

섣불리 말할 수 없다!

왜요?

네가 감당하기 어려운
액수이기 때문이다!

…….

와아!!

음하하하!

그런데 이번엔 같이 가시게요?

응.

부탄은 싫다셨으면서?

고산병 때문이었잖아?

이번에도 저 혼자 가렵니다.

안 돼!

왜요?

덴마크, 부탄 두 군데 다 네 보고서로 물 먹었잖아?

이번에야말로 기필코

보고서도 채택받고 내기도 이길 거다.

내가 이래 봐도 독일에서 박사 학위 받은 사람이다.

베를린 장벽이 몇 년도에 무너졌는지는 아십니까?

내가 모를 것 같으냐?

예!

······.

과거 일에 연연해선 안 되는 법이다.

1989년이었지.

그래? 동서독 통일은 1990년이었잖아?

장벽이 먼저 무너졌어.

1년 먼저였구나.

국가들 간의 합의보다 민의가 앞서간 경우였어.

민주화를 요구한 동독 사람들의 시위가 거센 파도를 일으켰고,

'우리가 국민이다!'

통일을 향한 열망과 합해져서 장벽을 허문 거야.

'우리는 하나다!'

그 광경을 생생하게 목격한 전 세계인들도
분단을 허무는 제전에 정서적으로 동참했지.

이참에 그냥 합해라!

그려, 합할 때 되었지.

당시 사람들이 느낀 건
동서독의 통일을 넘어

남 일 같지 않아.

수십 년간 지구촌을 얼렸던 냉전의
종식을 맞이하는 감격이었을 거야.

바야흐로 봄날이네그려.

그동안 너무 추웠어.

그래서 주변국들의 동의도
얻어낼 수 있었던 거겠지?

맞아.

독일 통일의 의미는 분할 점령된
나라의 주권 회복이기도 했으니까.

분할 점령이라면?

미국, 영국, 프랑스,
그리고 소련.

2차대전이 끝나고
4대 전승국들이 독일을 나눴고,

얘들 힘을 분산시켜야 해.

크게는 서방 진영과
공산 진영 둘로 나뉜 거지.

그 바람에
으르렁거리게 됐네?

독일의 국력이 강해지는 걸
꺼리는 주변 나라들과

위험한 나라야.

North Sea

NETHER
BELGIUM
FRANCE
SNITZ

POLAND

CZECH

AUSTRIA

못 미더워.

이념과 군사력으로
맞서는 강대국 틈에서,

눈치 보여서….

통일이 자기네 나라만의
문제가 아니었던 거네?

맞아.

어째 지금 한국 현실과
비슷한 면이 있네?

그렇지?

한반도 통일도 우리만
하겠다고 되지 않으니까.

미국, 중국, 러시아,
거기에 일본까지….

그런데 좀 다른 면도 있어.

어떤 면?

당시 동독 주민들의 열망이
지금 북한 사람들과는 달랐어.

어떻게?

그들은 스스로 동독 정권을
부정하고 장벽을 깼잖아.

흠….

어쨌든 통일 과정에 관한 자세한 얘기는 베를린 가서 다시 하자.

그래, 베를린 가서.

우리 둘이 함께 베를린 가서….

근데 가영이 넌 독일 가본 적 있잖아?

프랑크푸르트, 뮌헨, 휘센까지 아래쪽만.

베를린은 이번이 처음이야.

그래?

BERLIN

그럼 이번에 가면,

동서를 가른 경계였지만 이제는 화합의 상징이 된

브란덴부르크 문 앞에서….

문 앞에서 뭐?

말해봐.

…….

설록이는 가영이랑 잘돼가?

몰라. 자기들 알아서 하겠지.

둘이 뽀뽀는 했대?

그걸 내가 어떻게 알아?

넌 정말 가영이한테 마음 없니?

무슨 마음?

아빠는 가영이를 너의 배필로 생각하시던데?

그건 아버지 맘이고.

하긴….

하긴 뭐?

그림이 좀 안 맞아.

……

어쨌든, 이번에 꼬마애 하나 같이 갈 거야.

꼬마? 누구?

얘. 장미재단에서 후원하는 영재야.

장… 요한?

무슨 영재?

바이올린 신동.

걘 독일에 왜 가는데?

직접 물어봐. 설록이랑 네가 데리고 다닐 테니까.

재단 장학생은 우리한테 맡기고, 누난 뭐 할 건데?

난 가영이랑 같이 다닐 거다. 너희랑 동선이 거의 안 겹치지.

설록이 잔뜩 부풀어 있을 텐데, 어지간하면 둘이 좀 붙여주지?

그럴 순 없지.

왜지?

내 맘이지.

제3화

"도이치 혹은 게르만"
독일에 관하여

한자는 동맹이야?

'한자동맹' 몰라?

세계사 시간에 배웠잖아?

아! 중세 상업도시연맹.

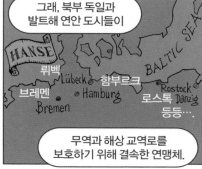

그래, 북부 독일과 발트해 연안 도시들이

무역과 해상 교역로를 보호하기 위해 결속한 연맹체.

그런데 그게 왜 독일스러워?

각자이면서 동시에 하나잖아?

독일이 그래?

응, 국가 명칭부터,

분데스레푸블리크 도이칠란트.

Bundesrepublik Deutschland

도이칠란트 연방공화국이잖아.

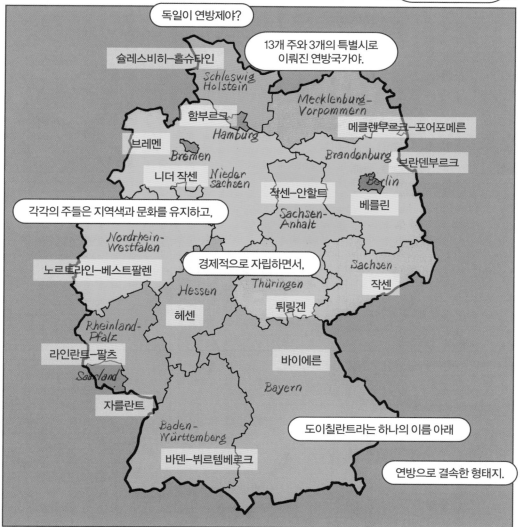

독일이 연방제야?

13개 주와 3개의 특별시로 이뤄진 연방국가야.

슐레스비히-홀슈타인

Schleswig Holstein

Mecklenburg-Vorpommern

함부르크

Hamburg

메클렌부르크-포어포메른

브레멘

Bremen

Brandenburg

브란덴부르크

니더 작센

Nieder sachsen

작센-안할트

Berlin

베를린

각각의 주들은 지역색과 문화를 유지하고,

Nordrhein-Westfalen

Sachsen-Anhalt

노르트라인-베스트팔렌

경제적으로 자립하면서,

Sachsen

작센

Hessen

Thüringen

헤센

튀링겐

Rheinland-Pfalz

라인란트-팔츠

바이에른

Saarland

Bayern

자를란트

도이칠란트라는 하나의 이름 아래

Baden-Württemberg

바덴-뷔르템베르크

연방으로 결속한 형태지.

033

그래서 독일 사람들은 자신이 태어나고 사는
주 단위로 자기 정체성을 갖는 편이야.

당신, 독일인이요?

뭔 소리, 작센 사람이외다.

같은 독일인임에도 굳이 '바이에른 사람',
'튀링겐 사람' 이런 식으로 자기를 나타내지.

작센도 독일인데 뭘 그러오?

바이에른 애들이랑
섞이기 싫어서 그러오.

그래도 월드컵 땐
독일 응원하잖아?

도이치!

전차 군단! 도이치!

분데스리가 경기할 땐
뿔뿔이 갈라지지.

바이에른!

도르트문트!

그럼 지역감정도 심한가?

지역 구분은 확연하지만,

감정까지는 안 가고
자부심에 그치는 정도?

그런 지역 구분은
왜 생긴 거야?

아무래도 역사적인
이유가 있지 않을까?

역사적인 어떤?

역사는 나중에
수길 형한테 물어봐.

그럼 앤 누구야?

아!

인사해.

요한이야. 장요한.

장, 요한이라면 혹시…?

혹시, 뭐?

독일 사람이야?

……

웅웅웅웅

학장님.

왜?

도이칠란트는 '도이치 땅'이라는 뜻이겠죠?

당연한 걸 묻고 그러냐?

그럼 도이치는 뭡니까?

흠… 그건 좀 질문답군.

고대 독일어 '티우티스크' 혹은 라틴어 '테오디스쿠스'에서 유래한 단어지.

thiutisk
theodiscus

그게 뭔데요?

민중의 말이라는 뜻이야.

민중의 말?

유식하고 고상한 언어가 아닌 보통 사람들의 말이라는 거야.

그럼 고상한 언어는요?

당시로선 라틴어였겠지.

8세기에 어느 주교가 교황에게 전달한 보고서에 이 단어가 나와.

"브리타니아에서 개최된 종교회의 내용을 라틴어뿐 아니라 평민들도 이해할 수 있는 민중의 말(theodisce)로도 낭독하였다"라고.

그러니까 도이치를 요즘 말로 해석하면,

'막말'이네요?

막말할래?

그러니까 도이치는 게르만 지역의 여러 유사한 언어를 일컫는 개념이었던 거야.

알레만어
앙겔어
작센어
프랑켄어
......

암튼 그 단어의 변형은 11세기 초 어느 가곡에 복수 명사로도 등장해.

diutsch

diutsche land

'디우체 란트'

게르만은 알겠지?

당연히 알죠.

라인강 너머에 살던 족속들을 통칭해서 불렀던 말 아닙니까?

노르만족, 프랑켄족, 앙겔족, 작센족, 고트족, 반달족, 부르군트족, 알레만족, 등등.

라인강

로마제국령

저 유명한 케사르가 갈리아를 정벌할 때 춥고 쓸모없는 땅이라고 내버려둔 뒤로,

거기까지는 안 갈 테니 너희도 넘어오지 마라.

왜? 무섭냐?

줄곧 로마제국 문명권 밖에 있는 야만족 취급을 받았죠.

무서워서 안 가는 거 아니다. 더러워서 안 가는 거지.

그러다가 4세기경 훈족에게 밀려 유럽 전역으로 흩어졌고요.

HUN

우린 무서워서 넘어갈란다!

무서운데 왜 넘어와?

댁들 말고 쟤들 무서워서!

그런데 말이야.

로마인들이 과연 게르만족을 야만적이라고만 여겼을까?

아닌가요?

'타키투스'를 아느냐?

고대 로마의 역사가 아닙니까?

그래, 그가 쓴 유명한 역사서가 있지.

삐이~!

뭐냐?

『게르마니아』입니다!!

정답!

좋아! 『게르마니아』에 대해 한번 읊어봐.

옛써~!

『게르마니아』로 말씀 드릴 것 같으면,

타키투스가 서기 1세기경 트라얀 황제에게 헌정하기 위해 쓴 것으로,

이기 뭐고?

읽어보시라고 좀 써봤어예.

게르만족의 기원과 풍습에 관한 내용을 담고 있습니다.

웃긴 거가?

인류학 책이라예.

로마제국 멸망 이후 오래도록 그늘에 가려져 있었는데

안 웃기니까 빛을 못 보네.

15세기 이탈리아 인문주의자 브라치올리니가 재발견해 출간함으로써

내가 띄워주마.

유럽 사회에 커다란 반향을 일으켰죠.

오오!

뭐여? 웃긴 겨?

됐어! 거기까지.

흡!

그『게르마니아』에 기록된 게르만족의 이미지가 말이야,

대체로 이런 식이거든.

붉은 빛의 금발과 매서운 푸른 눈을 가졌다.

신체가 강건하다.

전투 윤리와 정신은 로마군을 능가한다.

용감하고 충성스럽다.

근면하고 성실하다.

이게 어딜 봐서 야만적이야?

권위 있는 로마 지식인의 관점으로 쓴 것인데도,

너무 멀쩡하고 건실한 이미지잖아?

뭐, 할 말 있어?

읍… 읍….

그게 바로 함정입니다.

타키투스의 평가였다는 것.

그게 뭐?

딴 사람도 아닌 위대한 로마제국의 역사가 타키투스였다는 것 말입니다.

그러니까 그게 뭐?

학장님처럼 1500년 전후의 유럽 사람들도,

응?

바로 그 점 때문에 게르만족을 다시 보게 되었다는 겁니다.

이야! 알고 보니 게르만족 훌륭하네!

특히, 당시의 독일 민족주의자들은 열광했죠.

그 훌륭한 게르만 족이 누구겠노?

우리 선조들 아니겠나?

맞다, 맞다!

소위 '독일 정신'이라는 것의 근거로 삼을 만했을 테니까요.

우린 모범적인 정신을 가졌다!

이제 프랑스, 영국 안 부럽다!

Geist!

모범적인 게르만 이미지는 그 후로도 이어졌을 겁니다.

게르만 민족은 근면하단다!

어쩐지 고단하더라!

나폴레옹군에 점령당한 베를린에서 철학자 피히테가 독일 국민의 애국심을 고취했을 때도,

독일 국민에게 고한다!

프로이센의 철혈 재상 비스마르크가 부국강병을 꾀했을 때도 말입니다.

독일인은 강인하고 도덕적이다!!

근면, 검소, 절제, 규율 존중 같은 긍정적인 의미의 독일 정신은 그렇게 점점 굳어져갔죠.

독일 사람들은 지루하긴 해도 바람직해.

심지어 제가 어릴 때 본 만화책에도 그렇게 나와 있을 정도였습니다.

만나라 이웃나라

게르만 민족성은 독일이 잘 사는 중요한 요인.

어쨌든 타키투스가 그렇게 기록한 건 사실이잖아?

그러니까 그게 함정이라니까요.

무슨 함정?

라인강을 경계로 대치하고 있던 야만족에 대해,

저 너머에 사는 족속들이 어떤 자들인지 아십니까?

어떤데?

타키투스가 긍정적으로 묘사한 이유가 뭐였겠습니까?

제대로 알면 꽤 놀라실 겁니다!

안 놀라면 어쩔래?

그 무렵 쇠락해가던 제국에 경종을 울리고

엄청! 센 자들입니다!

예상 밖이다!!

타락의 늪에 빠진 로마인들에게 경각심을 일깨우려는 의도였을 거란 말입니다.

정신들 차리자, 넋 놓고 있다가 큰코다친다!!

후후후후,

그러니까…

타키투스는 게르만족의 장점을 부각해서 과장했을 텐데,

독일 사람들이 고대의 기록을 가지고 부화뇌동했다?

그랬을 소지가 다분하다는 거죠.

그런데 어차피 그것도 비판적인 '관점'일 뿐이잖아?

제 말이 그 말 아닙니까?

무슨 말?

독일 정신이라고 알려진 선입견에 기대,

프랑스나 다른 유럽인보다 독일인이 근면 검소 충직하다고

섣불리 판단해선 안 된다는 말입니다!

『아스테릭스』라는 만화를 아세요?

제목을 들으면 좀 생소하더라도 그림을 보면 "아! 이 만화" 하고 아는 사람들이 많을 겁니다. 르네 고시니가 이야기를 만들고 알베르 우데르조가 그림을 그린 프랑스 최고의 국민 만화죠. 참고로 고시니는 장 자끄 상페가 삽화를 그린 『꼬마 니꼴라』의 글을 쓰기도 한 꾀돌이 작가입니다.

작고 영리한 아스테릭스와 덩치 큰 오벨릭스, 두 주인공이 좌충우돌 활약상을 펼치는 이 만화의 배경이 되는 시대는 지금의 프랑스 지역에 갈리아족이 살고, 라인강 동쪽에는 게르만족이 살았던 때입니다. 갈리아족은 골족이라고도 하는데 켈트족을 일컫는 또 다른 명칭으로, 만화에 등장하는 주인공들이 바로 골족입니다.

단정한 제복을 차려 입은 로마 병사들에 비해 자유분방한 옷차림에 콧수염을 기른 골족 주인공들은, 수적 열세에도 불구하고 자기네 땅을 점령하려는 로마제국 군대를 사사건건 괴롭히는 설정으로 이야기가 펼쳐지지만, 실제로 갈리아는 애초에 로마제국의 식민지인 속주가 된 마당이었습니다. 지금도 프랑스 지방에는 고대 로마의 유적지들이 남아 있는데 그것들은 다름 아닌 로마 속주 시절 건설된 제국 문명의 잔재들인 것입니다. '갈로 로만' 문명이라고 하죠.

하지만 자존심 강한 프랑스인들은 가상의 세상에서나마 자신들의 땅인 갈리아의 원주민들은 결코 제국의 군대 앞에 순순히 굴복하지 않았다고 항변하고 싶었나 봅니다.

정작 로마제국의 대군에 맞서 침범을 저지한 이들은 라인강 동쪽의 게르만족이었습니다. 기원전 58년에서 기원전 51년까지 갈리아를 정복하고 라인강 너머까지 복속을 시도했던 율리우스 케사르는 『갈리아 전기』에 그 원정의 경험을 기록으로 남겼습니다.

로마인들은 안개 끼고 엄습한 숲속 땅의 거친 야만족을 게르만이라고 불렀는데, 원래 그 이름은 갈리아 사람들이 동쪽으로부터 가끔 넘어와 자신들을 위협했던 종족을 지칭했던 것으로 케사르가 이어서 부른 것입니다.

게르만족의 대이동,
서양세계의 새 주인공

아무튼 게르만족은 케사르가 이끄는 정예군을 막아내고 로마의 유럽 원정을 라인강에서 멈추게 만든 종족입니다. 로마의 입장에서는 그곳이 워낙 척박하고 사람이 살 만하지 않아서 더 이상 나아가지 않았다고 하겠지만 게르만족의 저항이 만만치 않았다는 건 확실합니다. 98년경에『게르마니아』를 쓴 역사가 타키투스는 게르만족을 묘사하면서 용맹하고 도덕적인 족속이라고 평가했습니다. 당시 유약해지고 불건전해진 로마인들에게 경종을 울리고 과거 공화정 시대의 위대했던 로마의 정신을 일깨우려는 의도였던 것과 동시에 게르만족을 직접 접해본 이들에게서 전해 들은 객관적인 인류학적 정보에 근거했던 걸 겁니다.

그렇게 라인강을 사이에 두고 로마와 대치하던 게르만족은 4세기경에 이르러 동쪽으로부터 도래한 강력한 세력에 떠밀려서 유럽의 중앙 무대와 서쪽 남쪽을 향해 대이동을 시작했습니다. 게르만족을 터전에서 밀어낸 유목민족은 바로 훈족이었죠.

그런데 세상을 바꾸고 역사 흐름의 이정표를 세우는 큰 사건은 한두 개의 단순한 요인으로 발생하지 않습니다. 수많은 군소 종족으로 구성된 통칭 게르만족의 거대한 이동은 훈족이 서진하도록 작용한 동아시아의 정세 변화, 이탈리아와 유럽, 소아시아, 북아프리카를 지배하며 문명을 일구었던 로마의 쇠락, 그리고 비옥한 새 터전에서 살고 싶었던 게르만 종족 사람들의 열망과 그간 쌓아온 무력이 임계점에 도달했던 상황 등 여러 요인들이 복합적으로 맞물려 때를 맞이했을 겁니다. 서양인들의 세계는 그토록 오랫동안 문명의 주역이었던 로마인, 즉 라틴 종족을 대체할 새로운 주인공을 무대 위에 세울 준비를 마친 상태였던 겁니다.

결국 서양세계 땅에 군림했던 서로마제국은 멸망하고 게르만족의 프랑크왕국이 세워지면서 세계사는 새로운 국면으로 전개됩니다. 프랑스의 역사, 영국의 역사, 그리고 독일의 역사, 즉 게르만족에 의한 유럽의 역사가 말이죠.

제4화

"베를린으로 간다"
독일답다는 것은?

역시나 또 늦는군.

뭐가요?

전철. 연착이래.

자주 그래요?

독일에선 다반사지.

어머! 독일 사람처럼 얘기하네?

나, 재단 유럽지부 책임자야. 독일에서 꽤 오래 지냈다고!

어머나! 몰라봤네요?

암튼 독일 열차는 기다림이 일상이니까 익숙해지도록 해.

흠… 믿기 어려운걸?

왜 못 믿어?

뭔가 독일답지 않으니까.

독일다운 게 뭔데?

시간관념 철저하고, 빈틈없이 치밀하고,

근면 검소하고,

실용적이고,

원칙적이고,

그리고?

진지하고, 이성적이고,

절도 있고, 체격 좋고,

각 잡혔고, 키 크고,

힘도 세고…….

그런 타입 좋아하니?

내가 아주 어렸을 때는 이런 말을 듣고 자랐어.

무슨 말이요?

독일인들은 세 명이 모여야 비로소 성냥불을 켠다.

무슨 말입니까?

그만큼 검소하다는 거지.

그리고 근면한 국민성 덕에 '라인강의 기적'을 일으켰고,

우리도 잘살려면 독일을 본받아야 한다고 배웠어.

도대체 그때가 언젭니까?

1970년대.

아주 어렸을 때라면서요?

따지지 마라.

아무튼 독일에 유학 왔을 때 여기 친구에게 아는 척했지.

난 너희 나라 라인강의 기적에 대해 안다고.

그랬더니요?

나한테 되묻더라고.

뭐라고요?

"라인강에서 누가 기적을 일으켰어?"라고.

하하하하!

독일인들은 그 말을 안 쓰더라고. 그저 '경제 기적'이라고 하지.

Wirtschaftswunder

어쨌든 그들은 폐허 위에 경제를 재건했으니까.

그게 꼭 독일 국민성 때문이었을까요?

아니면 뭐?

대략 1950년부터 1970년대 초까지,

그 시기는 세계적인 호황기였습니다.

'자본주의의 황금기' 라고 불릴 만했죠.

서독은 물론이고, 일본, 프랑스, 그리스, 이탈리아도 경제부흥을 일으킨 때입니다.

게다가 2차대전 후에 미국이 서유럽에 막대한 원조를 쏟아붓지 않았습니까?

'마셜 플랜' 얘기하는 거냐?

왜 아니겠습니까?

원조는 다른 나라들도 받았지.

자존심 누르고 일단 받고 보자.

그럼에도 독일 경제는 유달리 많이 성장했어.

아싸!

그건 바로 독일인들이 근면하고!

검소하고!

나 쓰던 거 너 쓸래?

실용을 중시하는!

허세 부리지 말자.

올바른 국민성을 가졌기 때문이란 말이다!

학장님, 참 이상하시네요?

뭐가?

평소에 저더러 사안의 단면만 보지 말고 다층적으로 분석하라셨잖아요?

그랬지.

근데 독일에 관해선 왜 이렇게 편파적이세요?

좋은 걸 좋다는데 뭐가 편파적이냐?

그러니까 왜 그렇게 독일을 좋아하시냐고요?

내가 독일이 좋다고 했냐? 국민성이 우수하다는 거지!

독일 국민성이 진짜 그런지 뭘 보고 압니까?

딱 보면 알지!

벌써 이 독일 택시 기사부터 봐봐!

운전 태도만 봐도 법규 준수하면서

옷차림도 수수하고, 얼마나 바람직해?

Herr! 내 말 맞지?

당신네 독일 사람들 근면하지?

나 이태리 사람인데?

......

근데 왜 여기 와서 운전해?

부우우웅~

독일 여자 친구 따라와서 살아.

어때? 열차로 가는 것도 좋지 않아?

그러네요. 전원 풍경도 운치 있고.

예전에 왔던 기억도 떠오르고….

왔었어? 어디?

프랑크푸르트에서 뮌헨, 그리고 뷔르츠부르크에서 퓌센까지.

아! 로맨틱 가도.

독일 여행에서 가장 많이 알려진 코스지.

그래서 한국 사람들도 많이 찾고.

근데 왜 로맨틱 가도인지 알아?

그 정도는 나도 알아요.

옛날에 로마인들이 만든 길이라서 그렇게 불리는 거잖아요.

아네? 독일어로 로만티셰 슈트라세.

그때 생각하면 기분이 좋아져요.

뭐가 그렇게 좋았어?

돼지족발.

웬 족발?

있잖아요? 학센.

아! 슈바인스학세!

그래! 그거!

지금도 군침 돌아.

Schweinshaxe

독일 대표 요리 중 하나지.

한국의 족발과 다른 점은, 돼지 발목 윗부분 부위를 쓴다는 것.

소금에 절인 족발을 삶아서 익히고 오븐에서 구워내,

겉은 바싹하고 속은 부드럽고,

맥주랑 같이 먹으면 그 맛이 아주!!!

바이에른 지역과 남부에서 주로 먹어.

남부? 그럼 우리 베를린 가면 그거 못 먹어요?

걱정 마라. 거기서도 판다.

하지만 베를린에선 또 다른 돼지족발을 먹어줘야지.

응? 뭘까요??

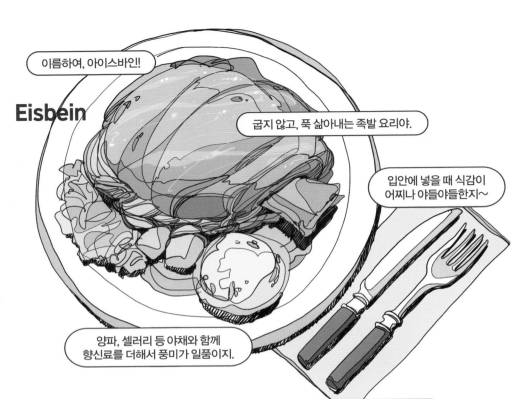

이름하여, 아이스바인!!

Eisbein

굽지 않고, 푹 삶아내는 족발 요리야.

입안에 넣을 때 식감이
어찌나 야들야들한지~

양파, 셀러리 등 야채와 함께
향신료를 더해서 풍미가 일품이지.

사우어크라우트라는
양배추 절임을 곁들여 먹어.

Sauerkraut

아! 독일 김치 같은 거?

맞아. 단조로운 반찬 같지만
독일에서 먹어보면 별미야.

맛있겠다.

말 나온 김에 하나 더할까?

응! 응!

딱 이맘때 즐겨 먹는 게 있어.

뭔데? 뭔데?

페더바이서와 쯔비벨쿠헨!!

이름부터 심상치 않다!!

페더바이서는 매년 가을 한철에만 잠깐 마실 수 있는 와인이야.

Federweisser

그 해에 수확한 포도로 이제 막 숙성을 시작하는 단계에서 마셔.

맛은?

달지.

페더바이서와 궁합이 잘 맞는 음식이 바로 쯔비벨쿠헨이야.

Zwiebelkuchen

영어로 말하면 어니언 케이크? 한국말로는 양파 빈대떡?

날씨 좋은 가을에 페더바이서 한 잔과 쯔비벨쿠헨 한 조각이면 더할 나위 없어.

아~ 언니, 나 독일이 벌써 좋아지고 있어요!

아직 많이 남았는데?

달콤한 디저트 얘긴 꺼내지도 않았어.

으아아아~

그리고 맥주, 와인, 소시지….

털썩!

왜 그래? 울어? 배고파?

……

하루에 네 끼씩 먹을 거야.

그러렴….

넌 근면하고 올바르다는 독일의
국민성에 대해 어떻게 생각해?

글쎄…….

뭐, 아주 근거 없는 말은
아닐 거라고 생각해.

하지만 좀 오래된
이야기이긴 하지.

지금이 산업화
시대도 아니고.

요즘 어떤 나라 사람들이 근면한
국민성 같은 걸 좋아할까?

오히려 독일인들이
정말 바람직하다면,

덜 근면한 사람들을 어떻게
대하는지가 중요하지 않을까?

다양한 개인들을
어떻게 포용하는지?

아울러 타국과 이방인들에게
얼마나 열려 있는 사회인지?

그런 물음들에 대한 답을 찾아본
뒤에 판단할 수 있을 것 같아.

뭘?

과연 독일답다는 말이 긍정적인 의미일지….

난 독일다운 거 좋은데?

뭐가?

이 아이스크림! 역시 아이스크림은 독일제야.

......

그거 미국 제품이야.

이름은 독일스러운데? 도대체 무슨 뜻이야?

아무 뜻 없어.

　금발 혹은 밝은 빛의 머리칼, 하얗고 각이 잘 잡힌 얼굴, 보수적인 눈매와 인상, 거기에 엄격한 정장이나 제복이 딱 어울릴 것 같은 체격을 가진, 흔히 상상하는 전형적인 독일인의 외모를 가진 사람을 베를린에서 마주치기란 흔치 않은 일입니다.

　오히려 짙은 갈색 피부와 흑발의 터키계 사람이나 흑인 들을 더 많이 보게 됩니다. 독일의 대도시들이 다문화 사회가 정착된 곳이라는 사전 정보를 듣고 가더라도 예상보다 훨씬 많은 수의 다인종 이민자들이 도시를 거닐고 있는 모습을 보면 좀 놀라게 됩니다.

　딱딱한 목재를 두드리는 것처럼 강한 악센트의 독일어 발음을 베를린에서 듣기란 흔치 않은 일입니다. 영화에서 독일인이 등장하면 여지없이 영어나 프랑스어에 비해 우스꽝스러울 만큼 딱딱한 억양으로, 성대마저 툭툭 내뱉을 만큼 격한 언어를 사용합니다. 그러나 현실에서 만나는 독일인들은 자기네 언어를 쓸 때도 영국 사람들의 영어 억양과 비슷하게 들리는 정도이고, 베를린의 독일인들 대부분은 외지에서 온 것으로 보이는 이와 대화를 시작할 때 어김없이 "영어 할 줄 아니? 좋아. 그럼 영어로 얘기하자"라고 이야기 합니다. 파리에 사는 프랑스 백인들이 타지에서 온 여행객이 영어로 뭔가를 물으면 시선을 딴 데 둔 채 고집스럽게 프랑스어로 말하면서, 아주 간단한 영어조차 꺼리는 건지 아예 모르는 건지 헷갈리게 만드는 것과 대조적입니다.

　독일답다고 표현할 만한 요소들을 베를린에서 찾기란 쉽지 않습니다. 사진이나 영상으로 익히 봐서 아는 브란덴부르크 문이나 전승기념탑, 혹은 기념품 가게에 진열된 상품들에 간간히 꽂혀 있는 삼색의 독일 깃발 등이 아니라면 베를린이 독일의 역사를 대표하는 도시라고 생각하기 쉽지 않습니다.

　빈틈이 없고, 매사에 성실하고, 시간관념이 철저하다는 독일다운 인상도 찾기가 쉽지 않습니다. 물론 그들의 생활에 좀 더 가까이 다가가 겪어보면 사전 약속을 중시하고, 예의바르지 못한 상황에 예민하며, 상식을 지키는 걸 중요시한다는 걸 알게 될 테지만 그조차도 딱히 독일인이라서 그렇다고 할 정도로 과하거나 두드러지지 않습니다.

베를린의
첫인상

　그렇다고 편견으로 가졌던 독일다운 근엄함을 베를린에서 실제로 발견하지 못해 아쉬워할 필요는 없습니다. 오히려 베를린에서 느끼는 매력은 예상하지 못했던 다채로움과 다이내믹한 다문화의 광경을 체험하는 것입니다.

　독일은 1인당 소득이 4만 달러를 훌쩍 넘는 등 유럽에서 가장 경제적으로 발달했고, 세계인들이 바라보는 정치적 위상 또한 높을 뿐 아니라 철학과 인문, 음악 예술, 그리고 과학 기술 분야에서 쌓은 역사가 어마무시한 나라입니다. 그러나 지금 베를린 사람들은 자긍심보다는 소박한 느낌이 전해지는 태도와 표정으로, 이룩해놓은 것들을 견고하게 지키려고 하기보다 다양하게 뒤섞인 인종과 문화 가운데, 오늘과 내일을 유익하게 사는 방법을 고민하는 것 같습니다.

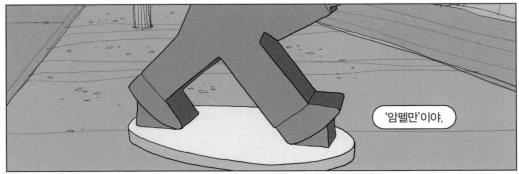

제5화

"암펠만"
냉전의 기억

그러고 보니 초록 신호 모양이네?

맞아, 걷는 자세.

봐! 캐릭터숍도 있잖아?

에코백도 있고, 티셔츠도 있고,

우산,

머그잔도 있고,

빨간 신호 모양 캐릭터도 있어!

근데 이 캐릭터는 어떻게 만든 거야?

요렇게 조렇게 만들었겠지?

뭔가 탄생 배경이 있을 거 아냐?

······.

저기 봐.

뭐?

저 신호등.

와! 신호등이 암펠만이다!

독일 신호등은 원래 이 모양이야?

구동독 시절 신호등이었어.

구동독? 아! 통일 전?

응, 동베를린.

그럼 그때 신호등이 아직 남아 있는 거야?

통일되고 사라질 뻔했지.

암펠만이 처음 탄생한 건 1961년이야.

만든 사람은 동베를린의 교통심리학자였던 카를 페글라우.

Karl Peglau

내가 암펠만 아버지여.

그는 늘어가는 교통사고를 줄일 방안을 고민했대.

어떻게 하면 사람들이 신호에 더 주목할까?

신호 불빛의 면적을 더 크게 하면 되겠네!

뻣뻣한 도형보다는 친근한 모양으로!

그렇게 해서 배가 볼록하고 귀여운 모양의 신호등이 나온 거야.

초록 암펠만, 게어.

Geher

빨간 암펠만, 슈테어.

Steher

그런데 1990년 동독이
서독에 흡수통일되었고,

헉!

1994년에 동독 지역 신호등도
일반형으로 교체하려고 했거든.

안녕~.

그때 반전이 일어난 거야.

그럴 순 없지!

암펠만을 계속 둬야 한다는
목소리가 생겨났고,

쓸 만한 동독 유산이다!

암펠만 살리기 운동도
벌어졌어.

귀여운 애들을
왜 바꾸냐?

동베를린 쪽 거주민들뿐 아니라
서독 사람들도 동참했지.

독일에 이만큼
예쁜 것도 드물다!

결국 정부도 결정을 철회해
암펠만을 유지했고,

살아남았다.

그 과정에서 마르쿠스 헤크하우젠이라는 디자이너가
암펠만을 공공 디자인 캐릭터로 만들게 된 거야.

Markus
Heckhausen

나는 암펠만의
작은 아버지?

모두의 공감으로 지켜낸 암펠만은
훌륭하게 재발견된 문화 상품이자,

캐릭터 상품 매출만
매년 수백만 유로래.

냉전이 지나간 곳에서 화합의 이미지를
떠올리는 또 하나의 상징물이 된 셈이지.

동과 서를 이어주는 다리야.

063

근데 냉전이 뭐야?

냉전은…

차가운 전쟁이라는 뜻이지.

Cold War

차가운 전쟁?

2차 세계대전 후
전승국이었던 소련은

재편되는 국제질서에서
주도권을 확보하기 위해

이제부터 이념 대결이다!

동유럽 여러 나라를
공산주의 진영에 편입시켰고,

나의 위성국가들!

또 한편의 전승국이었던
미국을 위시한 나라들이

우리끼리도 뭉치자.

자유주의 이념 아래
서방 진영을 구축해서 맞섰어.

우리 편 대장은 누구야?

말로 해야 아니?

말 안 하면 너라 그럴까봐.

양측은 마치 거대한 국경처럼
이념의 경계를 그은 상황에서

공산주의!

자유주의!

으르렁~

그르렁~

각자 군사동맹을 조직하면서

바르샤바조약기구

WTO

북대서양조약기구

NATO

전면전을 벌이지는 않았지만
첨예하게 대립했어.

눈 깔아라!

너부터 깔어!

근데 실제로 싸우지도 않았는데 왜 전쟁이라고 해?

다른 걸로 싸웠으니까.

뭘로?

이념과 체제의 우열을 두고 벌인 선전,

저긴 욕심쟁이들만 배부른 사회!

거긴 욕심부릴 뭣도 없는 사회!

첩보전,

우린 KGB 있다!

우린 007 있다.

군비 경쟁,

너 핵잠수함 몇 대 있냐?

너보다 한 대는 많을걸?

우주 경쟁,

최초의 우주인이 소련 사람이여!

USA

CCCP

달에는 가봤냐?

언제까지 그랬어?

20세기 후반까지.

1980년대부터 동구권이 서서히 붕괴했고,

1989년에 베를린 장벽 붕괴,

어???

1991년에 소비에트 연방이 해체되면서,

다들 독립하고…

다시 러시아로.

냉전시대가 막을 내린 거야.

그동안 너무 추웠다.

065

와!

형 똑똑하다.

보통이지 뭐. 하하하!

생긴 거랑 달라.

하하하하하하….

생긴 게 어때서?

밋밋한 보조 캐릭터잖아?

이 만화에서 주연급이다.

주인공답진 않은걸?

냉전이 종식된 지 30년이 다 되어가지만

우리 한국은 아직 분단이 현실이야.

그러니까 반드시…

베를린에서 뽀뽀해야 해.

쟨 주인공다워 보여?

……

베를린에 온 소감이 어때?

아직은 실감이 안 나요.
첫날이라서 그런지.

후후후 그렇다면… 내가,

실감 나게 해주지.

응? 그게 무슨?

네가 어떤 거에
감동받는지 알거든.

뭔데요?

바로 저것!

저게 뭔데?

커리부르스트라는
소시지 요리야.

후훗, 소시지라면
많이 먹어봤어요.

이건 안 먹어봤잖아?

소시지가 다
거기서 거기지.

뭐, 보기엔 그냥 소시지에다가,

커리 가루,

Currywurst

케첩과 마요네즈.

감자튀김이야 늘 따라오는 거고.

별다른 맛 아닐 것 같은데?

일단 먹어봐.

음…

감자도 먹어보고…

어때?

소시지 한 번 더 먹고…

또 감자…

또 소시지…

감자, 소시지…

소시지, 감자…

소시지, 소시지, 소시지….

아야!

정말 감동적이지 않습니까?

길거리 음식이 이렇게 맛있다니. 아직도 여운이 남아 있습니다.

너 입가에 소스도 아직 묻어 있다.

학장님도요, 하하하.

그래? 하하하하.

안 닦을 겁니다.

하하하하하하하.

하하하, 저긴 뭐 하는 뎁니까?

어디? 하하하.

저기 검문소 같은데요.

아야! 체크포인트 찰리.

분단 시절 경계를 섰던 검문소야.

제 말이 맞네요?

응.

그럼 찰리는 누굽니까?

찰리는 그냥 'C'야.

'씨'라고요?

응. A, B, C 할 때 씨.

무전 같은 거 할 때 쓰는 음성기호 있잖아?

아! 포네틱 코드!

A 알파,
B 브라보,
C 찰리,
D 델타,

베를린 장벽 따라 검문소가 몇 개 있었거든.

체크포인트 C
Checkpint Charlie

그중에 하나야.

체크포인트 찰리는 연합군이나 기자, 외국인의 왕래를 감시했던 대표적인 검문소였고,

혹시 스파이요?

티 나요?

많은 동독 사람들이 희생을 감수하고 넘으려 했던 경계선이었어.

내가 원하는 건 자유다!

장벽이 무너지면서 철거되었다가,

부셔버려!

CHECKPO

왜?

분단의 잔재다!

2008년에 복원,

다시 지어!

왜?

통일의 유산이다!

지금은 관광명소가 되었지.

여권에 도장 찍어줘요.

5유로 내.

주변에 박물관도 있고,

냉전시대를 떠올리게 하는 물건을 파는 가게도 많네요.

동독을 점령했던 소련군 용품도 팔고.

얼음장처럼 차갑고 무시무시했던 냉전과 분단의 산물들이

통일 후에는 모두 추억에 실려 화합을 상징하는 문화 상품이 되었다는 게 참.

헉!

드디어 나타났다.

뭐가요?

우리를 시험에 들게 할,

장벽의 돌.

1945년 4월 25일.

독일의 작센주 엘베강 인근 작은 도시에서

두 나라의 군인들이 손을 맞잡았어.

노르망디 상륙작전에 성공하고 서쪽으로부터 당도한 미군과

스탈린그라드에서부터 독일 군대와 치열한 접전을 벌이며 진군해온 소련군이었지.

그날만큼은 감격에 겨워 악수했지만,

베를린도 곧 우리 붉은 군대가 접수할 거야.

두 나라 군대는 머지않아 불구대천의 적이 될 터였어.

조금만 기다렸으면 어디가 덧나니?

제6화

"장벽"
분단과 고립의 시작

참아야 한다!

이렇게 참기 힘들 줄 몰랐습니다.

막상 와서 보니까…

이게 바로 그 베를린 장벽의 조각이라고 생각하니까…

흔한 돌 부스러기에 지나지 않아!

하지만 너무 많은 걸 담고 있지 않습니까?

약 40년에 걸친 서사를…

그것도 20세기 역사의 비극과, 환희의 순간을 함께 말입니다.

못난 놈!!

북받치는 감정을 저더러 어쩌라고요?

너 그렇게 약하게 굴면!

나도 사고 싶잖아.

학장님~

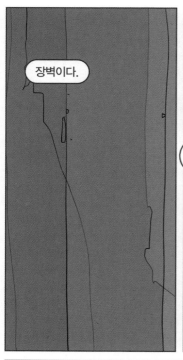

장벽이다.

30년 가까이 도시 하나를
통째로 둘러막아 고립시켰던,

거대한 콘크리트 장막.

그러나 아무리 튼튼한 벽도 자유를
향한 의지는 결코 가둘 수 없다는,

역사의 경험을 간직한 채 일부만
남아 이제는 기념비가 된 유적.

근데 장벽은 언제 세운 거야?

1961년.

누가?

소련이.

왜?

음… 얘기가 좀 긴데?

그래도 해줘.

2차 세계대전이 끝날 무렵 승리를 눈앞에 둔
나라의 정상들은 여러 차례 회담을 열었어.

처칠 루즈벨트 스탈린

나도 껴줘!

드골

전쟁 후, 독일을 포함한 유럽과 세계의 판도를
놓고 합의를 보기 위한 회담이었지.

다시는 독일이 힘을 쓰지
못하도록 해야 한다!

그런데 서방 연합국들과
소련 사이에는 이견이 있었어.

우리 군대 희생이 제일 컸다!!

그래서 뭐??

전쟁에서는 독일이라는
공동의 적과 대결했지만

목숨 바쳐 함께 싸웠잖아?

이념이 달라도 한참 달랐거든.

너희 좋으라고 싸운 줄 아냐?

한쪽은 자유시장 경제 체제를 원칙으로 삼는
자본주의 이념의 민주 형태 국가들.

점령할 때 하더라도
체제는 민주적이어야지!

반대편은 공산주의를 표방하는
스탈린식 독재 형태의 연합국가.

너희만 민주냐? 나도 민주다!

말로만?

논쟁과 갈등 끝에 독일을 넷으로
나눠 점령하기로 합의했지만

히틀러 키워줬다가
나라가 네 조각 났네.

오래전부터 독일의 심장부였던 베를린은
어느 편도 양보할 수 없는 곳이었어.

베를린은 애초에
우리가 먹었잖아?

너 기죽지 말라고
좀 기다려준 거거든.

결국 서베를린은 서방 진영임에도 외딴섬처럼
소련의 영향권 안에 덩그러니 놓이게 되었어.

꼴이 우습게 됐네?

그런 다음 바로
담을 쌓은 거야?

그때까진 안 쌓았어.

분할 초기에는 분위기가 별로 살벌하지 않아서,
동서 간 이동이 그리 어렵지 않았어.

친정집에 장조림
가지러 가요.

혼자 먹지 말고
나도 좀 갖다주소.

소련은 종국에는 서베를린마저 공산권으로
흡수하게 될 거라는 심산이었을 거야.

사방이 온통 붉은데 별수 있겠어?

동유럽에서는 이미 공산주의가
입지를 굳히고 있던 가운데.

우리 큰형님이 누구?

소비에트 연방!!

서유럽을 포함한 여러 곳에서
자유 진영은 낙관할 상황이 아니었거든.

조짐이 안 좋다!

무슨 조짐?

뭔가 불그스름한 조짐.

왜냐하면 전쟁 후 유럽의 경제 사정이
참담한 지경이었기 때문이지.

먹고 살기 너무 팍팍하다.

경제 사정이랑 무슨 상관이 있어?

상관 있지.

자! 생각해봐.

자본주의와 공산주의의 차이점에 대해선 아니?

대충.

자본주의는 원하는 만큼 일해서 능력에 따라 가진다.

공산주의는 다 같이 일하고 평등하게 나눠 가진다.

요한이 몇 살?

11살.

열한 살이면…?

그 나이에 그 정도면 됐어.

그래도 이담에 자본주의와 공산주의를 더 알고 싶으면,

리우스라는 아저씨가 쓴 『마르크스』라는 책을 읽어봐.

INTRODUCING Marx

어려운 책 아냐?

만화책이야.

일단은 요한이가 구분한 대로 이야기하자고.

나라 경제가 호황일 때는 사람들이 별 차이가 없다고 느끼거나,

능력 따라 사는 거나,

평등하게 사는 거나,

둘 다 배 굶지는 않으니까.

경우에 따라선 자본주의 체제가 더 낫다고 여길 수도 있을 거야.

실력 발휘해서 더 잘사는 게 좋지.

복지만 뒷받침해준다면.

그런데 전반적인 경제 사정이 극도로 나빠서 절대다수가 빈곤한 상황에 놓인다면,

당장 먹을 게 없는데 실력이 뭔 소용이냐?

체제에 대한 의구심이 생겨날 수도 있겠지.

적게라도 평등하게 먹는 게 나을까?

그럼 공산주의의 유혹에 끌릴 우려가 있었겠네?

빙고!

바로 그 우려를 서방 진영의 맹주였던 미국이 하게 된 거야.

그래서?

먹여 살리겠다는 결단을 내렸지.

미국 대통령 트루먼은 공산주의의 확산을 막겠다는 의지를 천명했고,

자존심 지키겠다는 나라는 미국이 먹여 살려야 한다!

트루먼 독트린!

Harry
S.
Truman

1947년 미 국무부장관이었던 조지 마셜은 원대한 계획을 공포했어.

모든 유럽 국가들에게 차관, 식량, 원료를 제공하겠다!

George
Catlett
Marshall

이른바, '마셜 플랜'이라고 명명한 거대한 원조 프로젝트였지.

FOR EUROPEAN RECOVERY
SUPPLIED BY THE
UNITED STATES OF AMERICA

총 130억 달러 정도 썼어.

동유럽 국가들은 소련의 영향 탓에 미국의 도움을 거절했지만,

큰형님 눈치 보여서.

군침만 흘리련다.

서유럽 나라들에는 가뭄의 단비 같은 조치였어.

선심인지 속셈인지 모르겠지만,

준다는 걸 마다할 순 없지.

그리고 서방 3국은 합심해서 분할 점령지였던 서베를린을 단일 경제구역으로 만들었어.

서독 단일 통화인 DM을 도입한다!

도이치 마르크.

소련이 가만 있지 않았겠는걸?

당연하지.

무엇보다 베를린을 결코 포기할 수 없었을 테니까.

그래서 어떻게 했어?

서베를린이 원조를 못 받게 했지.

거긴 미국 관할이었는데?

하지만 동독 안에 있었잖아.

서방으로부터 동독을 거쳐 서베를린으로 통하는 모든 도로를 차단해버렸어.

이제 물건 받을 생각일랑 꿈도 꾸지 말아라!

졸지에 고립된 서베를린
시민들은 물론,

원조받고 싶다!

애가 타기는 미국도
마찬가지였는데,

나도 주고 싶다.

그래서 서방 진영은 모험을
걸기로 했어.

베를린을 잃으면
서유럽 전체를 잃는다!

무슨 모험?

육로가 막혔으니 하늘로
물자를 실어 나르겠다는.

영공 침해라고 소련이
두고 보지 않았을 텐데?

물론 발끈했지. 그런데
미국은 어땠는지 알아?

그러거나 말거나.

격추해버릴까요?

그랬다간 3차대전 난다.

소련은 그 광경을 뜬눈으로 바라보면서 속이 타들어갔을 거야.

부글부글 끓는다.

역사상 유례없는 공중보급작전이었지.

11개월간 비행횟수 20만 회.

150만 톤이 넘는 원조 물품.

그 사건으로 소련은 미국의 의지도 만만치 않다는 걸 실감했을 거야.

너희 놈들도 베를린을 절대 내주지 않겠다는 거지?

그로부터 독일의 분단은 현실적으로 장기화 국면에 접어들었어.

베를린은 이제 영원히 두 쪽이야!

피차일반이야!

종전 당시에 합의된 원칙은 독일이 항구적으로 군사력을 갖지 못한다는 것이었지만

얘는 무기 들면 또 딴생각할지 모른다.

소련의 묵인 아래 동독에서는 '입영인민경찰' 이라는 위장 군대가 운영되었고

씩씩하게 단련하자!

어디 가서 군인 이라고 하지 말고.

서방 진영도 1955년에 서독을 공동 군사협력체인 나토에 가입시켰어.

NATO

들어와.

여기 어디야?

미국 형님이 운영하는 클럽이야.

동서 대립의 골이 갈수록 깊어지는 가운데,

통일은 점점 물 건너가니,

각자 갈 길 가야겠네.

서독은 전후 상처를 회복하면서
착실히 경제 건설을 해나갔어.

다시 근면하자!

왜?

역사책에 라인강의
기적이라고 남기게.

반면 동독은 서독에 비해 발전이 더뎠지.

같은 게르만인데
우린 왜 이렇지?

큰형님이 슬라브
족이라서 그런가?

경제 격차가 점점 더 벌어지면서 동독에서
서독으로 넘어오는 사람들이 늘었어.

어디 가냐?
반동분자!

반동 소리 들어도
자유 찾아가련다.

상황을 예의주시하던 소련은 약이 바짝 올랐고,

몇 명이나 넘어갔어?

지금까지 165만 명 정도입니다.

1961년 당시 소련 공산당 서기장이었던
후르시초프는 가공할 만한 상상력을 발휘해서

빈틈없이 막아버려!

어떻게요?

결국 실행에 옮긴 거야.

콘크리트 벽으로!

제7화

"브란트"
반성, 그리고 평화를 향해

설록이는 어디서 만나기로 했어?

아마도 브란덴부르크 문 앞에서….

오호!

베를린에서 가장 극적인 무대에서? 그림 한 장 나오겠는걸?

언제 만날건데?

정하지는 않았어요.

오호!

약속이 필요 없는 운명적인 랑데부!

만나면 뭐 할건데?

……

오호!

뭐가 자꾸 오호예요?

발끈하지 마! 넌 그게 문제야.

뭐가요?

발끈해도 귀여운 거.

어머! 언니….

설록이가 단순하고
어리바리하긴 해도

확실한 장점 한 가지는 있어.

뭔데요?

뭐 하나에 꽂히면
엄청 꾸준하다는 거.

녀석이 너한테 꽂혔다는 게
나는 못마땅하지만….

아~ 언니도
참 여전하다.

흔들림 없이 널 좋아하니까
내심 너도 안도가 되잖아?

솔직히 인정.

상대방 반응이 어떻든
그냥 초지일관으로.

무리하지 않고 존중하면서,

언젠가는 진심을 알아줄
거라는 희망을 안고.

그런 점에선 녀석이 예전
독일의 누굴 닮았다니까.

누구?

서독 총리였던 빌리 브란트.

이야기 전개가 억지스러워!

작가한테 역정 내지마!

브란트가 공직에 있는 동안 펼친 대외정책을 한마디로 요약해볼까?

뭔데요?

"그는 상대에게 안도감을 주었다."

누구한테 어쨌길래?

이념으로 맞선 반대 진영이었던 동독을

이제 물 먹은 너랑 나는 달라도 한참 달라!!

대결 상대가 아닌 동반관계로 대했어.

그래, 인정.

뭐니?

그리고 동구권 나라들과의 관계 정상화를 추진했지.

너희도, 악수.

뭐니?

지속인 긴장 완화를 통해 평화를 추구하면서

동쪽을 향해 꾸준히 우호적인 입장을 표명했던

Ostpolitik

그걸 일컬어 '동방정책' 이라고 불렀단다.

언니, 그 정도는 나도 알아요.

그래서 노벨 평화상도 받았잖아.

......

하지만 이건 모를걸?

뭐?

옛날에 난 셜록이와 뽀뽀한 적 있다!!

......

동방정책은 그가 현실을 냉정하게
바라보는 시각이자,

독일에 두 개의 국가가
존재함을 인정해야 한다.

점진적인 평화와 화합을 추구하겠다는
의지를 담은 정책 기조였어.

서로 괴뢰집단, 끄나풀 같은
나쁜 말 쓰지 말자는 거냐?

그렇다.

그 전까지 서독은 '할슈타인
독트린'을 고수하고 있었죠?

제법이네? 할슈타인
독트린도 알고?

후훗.

서독만이 합법적으로 독일을
대표한다는 외교 원칙이었잖습니까?

그래, 맞다.

그래서 서독 정부는 동독을 공식 국가로
인정하지 않았고,

너흰 나라가 아니라
임시괴뢰집단이야.

누가 할 소릴? 이미제
끄나풀 패거리들아!

동독과 수교하는 다른 나라들과도
관계를 맺지 않았지.

쟤랑 노는 애들은
상종 안 할 거다!

브란트는 그런 태도가
서로 불신과 반목만 키우고,

나아가 유럽 전체의 평화에도
도움이 안 된다고 보았어.

그래서 현실을 직시하고 새로운
해법을 모색하자고 호소한 거지.

처음엔 그의 동방정책을
반대하는 의견도 있었죠?

두 국가를 인정함으로써 분단이 고착될
수 있다는 우려의 목소리가 있었지.

공산주의에 굴복하는
거라는 비난도 들었고요.

맞아. 상반된 두 이념 간에
자존심이 걸린 문제였으니까.

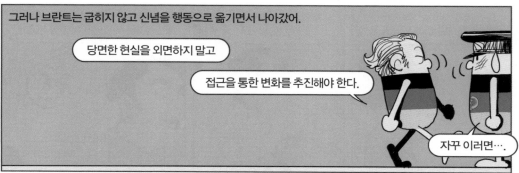

그러나 브란트는 굽히지 않고 신념을 행동으로 옮기면서 나아갔어.

당면한 현실을 외면하지 말고

접근을 통한 변화를 추진해야 한다.

자꾸 이러면….

그 일환으로 1970년,
동독과 첫 정상회담을 가졌고,

마주하니 어때?

별거 없네.

1972년, 두 독일 간에
기본조약 체결,

합의 보는 것도,

해보니 별거 아니네.

1973년, UN에 동시 가입했지.

UN도 막상 들어오니,

별 대단치도 않네.

하지만 그 와중에도 동독에서는
주민들의 인권이 억눌렸잖아요?

그랬지.

UN인권조약에 따른 해외여행
자유권조차 누리지 못했지.

국경이나 장벽에서는
희생이 끊이지 않았고요.

그럼에도 브란트는 동방정책을 견지하면서

동독 정권을 압박하지 않는 쪽을 택했어.

왜요?

정권이 불안할수록 히스테리도 심해질 거라는 생각이었겠지.

아!

둘로 갈라진 독일 국민들의 동질감을 키우려면 인적, 물적 교류가 이루어져야 하는데,

주고받으며 들락날락, 공감대를 만들어야 해.

동독 주민들의 자유의 폭을 늘리기 위해서라도 동독 정권을 안정시킬 필요가 있다고 판단한 거야.

별일 없을 테니 오가는 사람 좀 놔둬.

동방정책이 유지되는 동안 양국 간의 교류가 크게 늘었고,

1972년 통과협정.

1976년 우편통신협정.

사람들 사이에서도 불신보다 신뢰가 커졌으니

남이 아니야.

결과적으로 브란트의 구상은 통일의 밑거름이 된 셈이지.

WIR SIND EIN VOLK

우리는 한 민족.

1989년 베를린 장벽이 무너졌을 때 베를린 시민들이 가장 소리 높여 외친 이름이 이미 정계를 떠나 있었던 빌리 브란트였던 것도 그 때문이었을 거야.

빌리!

브란트!

브란트!

브란트!

형, 이 사진 알아?

되게 유명한 거라던데?

......!

빌리 브란트가 무릎 꿇은 모습.

아주아주 역사적인 장면이지.

독일이 지난날 일으킨 전쟁과
유대인을 학살한 죄에 대해

진심으로 뉘우친다는 걸
구구절절 설명할 필요없이

행동으로 보여준 사건으로 유명해.

'Kniefall von Warschau'

'바르샤바에서 무릎 꿇다'라는
제목으로 전 세계에 알려졌지.

바르샤바라면? 폴란드?

응.

근데 왜 하필 폴란드야?

과거 전쟁에서 폴란드의
희생이 의미하는 바가 컸거든.

폴란드는 2차대전 때 히틀러의 군대가 맨 먼저 침공한 나라였고,

이웃이 웬수여!

독일군과 소련군 틈에서 엄청난 수의 사람들이 목숨을 잃었지.

정치범, 포로, 민간인, 유대계 포함 약 300만.

그래서 독일에 대한 악감정이 유달리 많이 남아 있었어.

아주 이가 갈린다.

그런 상황에서 동유럽과 화해를 추진하던 브란트가 폴란드를 공식 방문한 거야.

뭐여? 게르만 놈 두목이 온다고?

당시 폴란드 사람들은 부글부글 끓고 있었지.

여기가 어디라고 왔대?

1970년 12월 겨울비가 추적추적 내리던 날,

브란트의 발걸음은 바르샤바 광장에 세워진 유대인 게토 희생자 위령탑으로 향했어.

그곳에서 숙연하게 헌화를 한 다음,

난데없이 땅바닥에 털썩 무릎을 꿇은 거야.

쿵!

헉!

예상치 못한 일이라 모두가 숨죽인 채, 시간이 흐르는 동안

…….

…….

그는 조용히 눈물을 흘렸대.

그 광경을 지켜본 폴란드 사람들 심정이 어땠을까?

말로 표현하기 어려운 감정이었을 것 같아.

탄식과 감격이 교차했겠지?

그런데 감격에 겨운 건 폴란드만이 아니었어.

전쟁의 상처가 아물기도 전에 다시 냉전으로 갈라진 동서유럽은 물론

독일이 정말….

전 세계 사람들이 독일을 다시 보게 됐지.

달라졌나 보다.

바로 그거였던 거야.

독일의 미래를 위해 꼭 필요했던 것.

진정 어린 사과와 통렬한 반성으로 원한과 불신의 벽을 허무는 일.

만약 독일이 계속 뉘우치지 않은 전범국으로 남은 채,

나만 잘못했나?

잠재적 위험세력이라는 오명을 떨치지 못했더라면

쟤는 안 돼.

그들의 통일은 국제사회에서 허용되기 어려웠을 거야.

No!

Never!

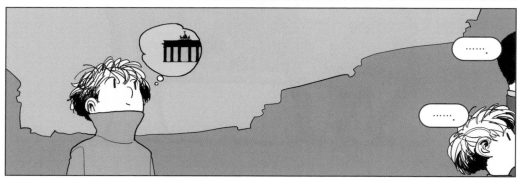

제8화

"그해"
마침내 무너지는 장벽

1980년대 후반 소련 공산당 서기장 고르바초프가 내걸었던

이제부터 우리가 나아갈 노선을 두 마디로 요약한다!

궁금하네?

소련 사회의 변화를 모색한 정책 슬로건이야.

페레스트로이카!

글라스노스트!

놀랍네?

본래 의도는 소련의 정치, 경제, 사회, 문화 전반의 쇄신을 꾀하고자 한 거였는데,

소련도 좀 폼 나게 살아 보자고 시작한 거였어.

나중엔 예상을 크게 벗어난 결과를 초래했어.

세상이 뒤집어졌네?

당황스럽네?

변화의 진동은 동유럽 사람들의 억눌렸던 가슴을 두드려서

따뜻한 바람이 분다!

날아갈 찬스다!!

소련의 영향에 묶여 있던 나라들이 이념의 고리를 끊는 계기가 되었고,

폴란드

이제 따로 놀자!

불가리아

헝가리

체코슬로바키아

등등….

동토의 제국이었던 소비에트 연방의 해체로까지 이어졌어.

조지아

우크라이나

카자흐스탄

우즈베키스탄

등등….

바로 그 거센 변화의 바람 앞에 둘로 나뉜 독일이 놓여 있었어.

뭔가 올 것이 왔다는 느낌적 느낌이 든다.

098

그 기운을 먼저 감지하고 행동에
옮긴 이들이 동독 주민들이었고,

달라져야 하지 않겠는가?

마지막까지 사태를 외면하며 버틴 세력도
동독 안의 권력집단이었어.

달라질 거 하나도 없다!

권력집단이라면?

집권당이었던
사회주의통합당.

SED

SOZIALISTISCHE EINHEITSPARTEI DEUTSCHLANDS

주민은 개혁을 바랐는데
정부는 거부했다는 거야?

그렇지.

권력층의 시대착오적인
현실 인식.

체제는 이대로 쭉 간다!

그로 인해 야기된 갈등.

싫다!

싫어도 간다!

급기야 분출된 분노.

더는 끌려가지 않는다!

동독의 민심과 권력의 고집이 맞붙은,

그해가 바로 1989년이었어.

수길아, 네 생각은 어떠냐?

뭐가요?

베를린 장벽이 하루아침에 무너졌다고 생각하느냐?

저녁 무렵 아니었나요?

......

무슨 말인지 알면서!!!

예, 예. 갑자기 벌어진 사건이었냐는 거잖아요?

오랫동안 누적된 많은 일들이 원인이 됐겠죠.

이를테면?

동방정책의 성과로 나타난 긴장 완화.

갈라섰지만, 남은 아니야.

냉전의 주축이었던 소련의 변화.

좀 말랑해졌다.

동독 정부의 실정에 대한 주민들의 불만 고조.

부글부글 끓는다.

DDR

하지만 장벽이 무너진 1989년은 그야말로 숨 가빴던 한 해입니다.

정말 많은 사건들이 파노라마처럼 펼쳐졌죠.

극의 서막이 오른 곳은 헝가리였습니다.

HUNGARY

옳거니!

5월 2일 헝가리는 오스트리아 방면 국경을 열었죠.

DDR

BRD

AUSTRIA

HUNGARY

야! 거긴 안 연다고 우리랑 약속했잖아?

뭐? 안 들려.

그 계기로 동독 주민들이 대거 서독으로 탈출하는 길이 열린 사건이었습니다.

BRD DDR 체코

체코, 헝가리 경유해서~

오스트리아 헝가리

그 와중에 동독 SED정권이 뭔 짓을 했는지는 아시죠?

부정을 저질렀지.

예, 맞습니다.

5월 7일 치러진 지방선거에서 여느 때처럼 조작을 했습니다.

한심한 노릇이지.

거기에 분노한 동독 주민들은 부패하고 무능한 정권을 규탄하는 시위를 열기 시작했고,

때가 어느 땐데 여전히 정신을 못 차리냐?

여름이 지나는 동안 수많은 동독 주민들이 서독으로 건너갔습니다.

개선의 여지가 없다!

그냥 떠나자!

101

9월 4일 라이프치히 집회에 참가한 시민들은
매주 모여 부당한 권력에 저항하기로 했는데,

'월요시위'라고 부르자!

그 숫자는 시간이 지날수록 늘어갔습니다.

처음엔 1,200명 정도였는데,

10월에는 7만 명.

그렇게 불신과 저항의
기세가 고조되는 가운데

SED정권은 또 뭘 했을까요?

자화자찬을 했지.

맞습니다!

10월 7일 동독 건국 40주년 기념행사를 엽니다.

40 JAHRE
DDR

동독의 공산주의는
성공을 거두었다!

그들만의 오만한 기념식은 분노의 열기에
기름을 부은 격이었죠.

네놈들은 눈도 없고, 귀도 없냐?

뒤늦게 SED는 사태를
수습한답시고

수를 써야겠네?

당서기장을 다른 인물로
교체하는 카드를 꺼내지만,

나는 마음에 들지?

호네커

크렌츠

시도는 먹혀들지 않았습니다.

전혀 안 든다!!

동독 정부가 뾰족한 해답을 찾지 못하는 동안 시위는 잦아들 기미를 보이지 않았고

우리가 국민이다!

WIR SIND DAS VOLK

상황을 바라보는 서독 사람들은 불안해하기도 했죠.

저러다 천안문사태* 처럼 되는 거 아냐?

이제 드디어 운명의 11월로 접어듭니다.

그래, 격동의 드라마 막바지다.

11월 4일 동베를린 알렉산더 광장에 무려 100만 명이 운집,

우아아아아!

기존 체제 철폐, 자유선거, 여행 자유, 비밀경찰 폐지 등을 요구했죠.

다맘에 안든다!

곧이어 시위 양상은 전국 규모로 확대되었습니다.

50만

코트부스

할레

드레스덴

라이프치히

6만

5만

켐니츠

슈베린

2만5천

＊**천안문사태** 비슷한 시기인 1989년 6월 4일, 중국 베이징의 중앙에 있는 천안문 광장에서 민주화를 요구한 학생과 시민들을
중국 정부가 무력으로 진압해 유혈사태를 일으킨 정치적 참극.

그 과정에서 유혈 충돌이 발생하지 않은 게 다행이야.

그렇죠?

좀 위험한 장면이 있긴 했죠.

무슨 장면?

시위 규모에 당황한 동독 보안당국이

헉! 감당이 안 된다.

소련에 진압을 위한 군사를 요청한 것이었죠.

큰 형님이 좀 나서주셔야!

하지만 동독 주재 소련대사는 간단히 거절했습니다.

내 코가 석자다.

당시에는 소련조차도 동독 정권의 아집이 시대에 뒤떨어졌다고 판단하는 상황이었으니까요.

공산주의 지켜주셔야지!

분위기 파악 좀 해야지!

결국 SED 권력자들은 손들고 물러났습니다.

11월 7일 내각이 총사퇴.

11월 8일 동독 정치국 해산.

그리고 매우 개혁적인 인물이 새로운 정부의 수반으로 내정됐죠.

한스 모드로

사람들이 나더러 동독의 고르바초프라고 불러.

그러나 동독 주민들이 바라는 선택은 그보다 훨씬 더 앞으로 나아가 있었습니다.

우리가 진정으로 원하는 건 따로 있다!

시위대의 푯말에는 이미 통일을 원하는 문구가 적혀 있었던 겁니다.

마침내 11월 9일 베를린에 모인 군중은 장벽을 부쉈습니다.

1989년 11월, 그다음엔?

그 후로 벌어진 일들은 모두 정치 외교적인 것들이었어.

동독 정부는 통일을 전제한 개혁을 단행했고,

서독과 동독, 그리고 4대 전승국들 간의 합의를 거쳐,

통일을 완성하는 데까지 1년이 걸리지 않았어.

일사천리로 진행됐나 보네?

비교적 순조로웠지.

부럽다. 한국은 그런 기회가 없을까?

글쎄….

기회는 두려워하지 않는 자에게 다가와 포용하는 거야.

응?

자신감 없는 자들은
화합을 두려워하고,

믿음 없는 울타리
안에서 경계만 하지.

기회를 끌어안으려면
먼저 용기를 내야 해.

비난을 두려워하지 않고 동쪽을
향해 걸어간 빌리 브란트처럼,

고집 센 권력에 맞선
라이프치히 시민들처럼,

그리고…

그날 장벽에 맨 처음
일격을 가했던

어느 베를린 시민처럼.

등장했네….

107

독일은 과거 1945년에 나뉠 때도, 1990년에 공식적으로 합쳐질 때도 향후 국가의 운영과 주권에 관한 주변 강대국들의 회담과 승인 절차를 거쳤습니다.

1943년 2차대전 막바지 미국, 영국, 소련은 '테헤란회담'에서 패전국 독일, 그리고 수도인 베를린을 세 개 지역으로 분할해 신탁통치 할 계획을 세웠고, 1945년 '얄타회담'에서 프랑스도 그 역할에 끼워주기로 최종 합의를 보았습니다. 그리고 1945년 7월 '포츠담회담'에서 독일의 영구적인 무장해제와 경제 분권, 정치권력 체제 재편 방향을 결정짓고 독일의 주권을 네 나라가 양도받았습니다. 이후 미국을 위시한 서방세계와 소련이 극한의 이념 대립으로 치달으며 세계가 냉전에 놓임으로써 분할된 독일은 미소 양국이 정치 군사적으로 대결하는 최전방 전선의 역할을 떠맡아야 했습니다.

냉전의 차가운 기운이 가장 심했던 곳은 역시 유럽이었습니다. 경제력에서 월등한 우위를 보인 미국은 서유럽 나라들을 지원하며 체제에서도 우위를 지속시키려고 했고, 소련은 주변의 동유럽 국가들을 포섭해 이념적으로 똘똘 뭉친 공산주의 벨트를 구축했습니다.

그리고 세월이 흘러 냉전의 얼음이 녹아 세상은 정치적 해빙기, 데탕트를 맞이했죠. 소련의 체제 유지와 선전을 위한 들러리였던 동유럽의 공산주의 정권들이 무너지고 소련 스스로도 체제를 지탱하지 못하고 소비에트 연방이 해체되었습니다. 그런 상황에서 동독의 공산주의 정권 SED도 버틸 재간이 없었습니다. 쓰러지기 시작한 소비에트 연방이라는 기둥에 마지막까지 몸을 묶으려 한 동독 정권의 처사는 상상하면 할수록 쓴웃음이 납니다.

1989년 11월 베를린 장벽을 시민들이 두들겨 허무는 모습이 전 세계에 중계되었습니다. 미국, 소련, 영국, 프랑스는 전후 독일을 넷으로 나눴을 때보다 더 긴박하게 각자의 입장을 정하고 장벽이 사라진 독일의 향후 처리 회담에 임해야 했습니다.

1945년 무렵 루즈벨트, 스탈린, 처칠, 드골의 역할을 1990년에는 부시, 고르바초프, 대처, 미테랑이 맡았습니다. 과거에는 어떻게 독일을 분할하고 어떻게 주권을 제한할지

2+4,
통일로 가는 절차

를 결정했다면, 한 세기의 막바지에 터져버린 대사건을 앞에 놓고 세계의 정상들은 과연 독일을 어떻게 합치고 어떻게 주권을 회복시켜줄 것인지를 논의했습니다.

1990년 9월 모스크바에 모인 각국의 외교장관들이 체결한 이른바 '2+4조약'은 독일 관련 문제의 최종 해결에 관한 조약이었습니다. 독일은 통일 후 국경으로 확정되는 영토 외에는 항구적으로 한 치의 욕심도 내지 않겠다고 폴란드를 포함한 주변국들에게 약속했고, 핵, 생물학, 화학무기를 생산하거나 보유하지 않을 것이며, 연방군을 37만으로 줄이고, 동독에 주둔했던 소련군 철수에 드는 비용을 부담하기로 했습니다.

독일이 통일이 되어 강대국이 되는 걸 우려했던 영국과 프랑스가 각자의 셈법으로 막판까지 조약 내용을 저울질했고, 미국은 통일 후에도 독일이 나토 회원국이길 바랐습니다. 소련은 독일의 나토 잔류에 대해 처음에는 못마땅해했지만 동독 지역의 관리 운영에 관한 부담을 서독 정부 주도의 통일 독일로 넘기는 것이 더 낫다고 판단했습니다. 또한 서독 정부로부터 경제 지원을 약속받으면서, 어느 방위조약에 가입할지는 통일 독일의 선택에 맡긴다는 걸로 합의했습니다.

해당국들은 독일의 통일이 자국에 미칠 영향을 예단하며 손익을 따질 사안이 아니란 걸 간파했을 겁니다. 이미 둑이 터져 세차게 흘러가는 물을 바라보는 것처럼, 동독 지역에서 촉발한 민의가 거대한 세상의 물길이 되어 이를 거스르는 시도도 소용이 없었을 겁니다.

1945년의 회담과 1990년의 회담과 조약이 비슷한 형식과 절차를 따른 것 같지만 둘이 명백하게 달랐던 점이 있습니다.

앞의 것이 자기 과실이 불러온 타의에 의한 결정이었던 반면, 뒤의 통일 과정은 확실한 자기 선택을 통해 세계의 공감을 이끌어냈다는 것입니다.

제9화

"베를린 천사의 시"
상처와 희망의 사람 세상

감동적인 화합을 이루고 하나 되었던 곳에서 말이야.

......

왠지 뭉클한걸?

......

......

......

꿀 먹었어? 왜 아무 말도 안 해?

......

나한테 하고 싶은 얘기 없어?

가영아…

그래, 말해봐.

브란덴부르크 문은 18세기 말 프로이센의 국왕 프리드리히 빌헬름 2세의 명으로 세워졌대.

???

?

Friedrich Wilhelm Ⅱ

애초엔 평화를 상징하는 랜드마크였는데,

1806년 나폴레옹 군대가 베를린을 점령했을 때 기세등등하게 이 문을 통과했고,

저벅! 저벅!

이후 1871년 프로이센이 프랑스를 누르고 독일제국을 선포한 후부터는

프랑스 놈들 콧대를 꺾었다!

승리를 기념하는 개선문의 역할을 했대.

걸음도 당당하게!

히틀러가 권력을 잡았을 때는 나치의 위용을 과시하는 상징물로 활용되기도 했고

선전 벽보가 됐네.

분단 시절에는 도시를 나눈 경계의 문으로 처연히 서 있다가

산전수전 다 겪는다.

통일이 되면서 세상에서 가장 유명한 평화의 대문이 된 거래.

…….

너 가이드야?

…….

얘기 오래 하네?

날 저물었다.

누나?!

재들 오늘 뽀뽀 못 해.

왠지 알아?

설록이는 가영이 앞에서 아직 어린애거든. 아님 천사거나.

다 큰 사람과 사랑을 하려면 아이나 천사를 탈피해야지.

베를린 천사가 용기를 내어 인간이 되었던 것처럼….

무슨 말이야?

영화 「베를린 천사의 시」 몰라? 인간을 사랑해서 천사를 포기한….

당최 무슨 소린지….

날씨 좋네!

휴일 오전인데 카페에
사람들도 많이 모여 있고.

느낌 어때?

무슨 느낌이요?

이제 슬슬 베를린에 온
느낌이 오지 않아?

흠……?

흠…….

흠…….

설록이 녀석 때문에 답답하지?

흐음…!!

차라리 먼저 얘기하지 그래?
어차피 걔 맘은 다 아는 거잖아?

흠…….

그러기엔 자존심 상하는 거야?

찌릿!!

알잖아요? 그런 문제 아니란 거.

…….

난 설록이의 뮤즈가 될 생각 없어요.

흐음…

함께하려면 대등한 동반자가 되어야지.

흠….

독일도 그렇잖아요? 흡수통일이었다지만,

흐음?

동서독 사람들 간에 불협화음이 있다죠?

흠!

난 그게 건강한 관계의 증거라고 봐요.

흠흠….

각자의 입장과 의견이 살아 있는 거니까.

흠….

솔직하게 표현하고, 평가받고 책임지고.

흐음….

어른들 세상엔 예쁘고 좋은 것만 있지 않으니까!

흠흠….

왜 자꾸 흠흠거려? 축농증 있어요?

네가 먼저 했잖흠?

근데 저건 뭐예요?

카이저 빌헬름 교회.

독일제국 황제였던 빌헬름 1세의
치적을 기리려고 세운 교회야.

근데 생김새가 좀 그로테스크한데?

번화가 중심에 솟아 있는 모양이
기이하면서도 사뭇 비장하지?

2차대전 때 폭격으로 파괴된 첨탑을
복원하지 않은 채로 그냥 둔 거야.

대신 바로 옆에 현대식
건물로 신관을 지었지.

지난날의 과오로 인한 참상을
잊지 않겠다는 다짐인가요?

그런 바람직한 해석보단,

내 생각엔 비극을 숨기지 않고
드러내는 미학적 태도인 것 같아.

아하!

우아하고 예쁜 것만이
예술적인 건 아니다?

그렇지.

그것도 경험에서
비롯됐을 수도 있잖아요?

맞아.

치부마저 밝힌 역사의식이
미적으로 승화되었을 수도?

솔직하고 대담한 태도네요.

패전 후에 자신들의 과오나 상처를
감추기에 급급한 나라와 대조적이야.

어느 나라?

알잖아요? 어른스럽지
못하고 아기자기한 나라.

근데 저 부서진 탑
예전에 본 적 없어?

아니, 처음 봐요.

본 적 있을 텐데?
기억을 더듬어봐.

무슨 기억을 더듬어?
나 베를린 처음인데.

저 부서진 탑 위에서…

천사가 베를린 시내를
내려다보고 있었잖아?

왠 천사…… 아!

「베를린 천사의 시」!

딩동!

분단된 도시인의 삶을
관망하며 번민하던 천사가

인간과의 사랑을 이루기 위해
천사의 길을 포기하는….

그 아저씨 잘생겼어!!

……

118

뽀뽀를 하겠다고
그렇게 벼르더니….

…….

막상 만나니까 아무
말도 안 떠오르더라고.

그래서 역사
유적 설명했냐?

그래도 만났으니까 됐어. 좋아.

좋기도 하겠다.

누나가 그러더라.
그래서 넌 안 된다고.

장미 누나가? 뭐라고?

가영이 앞에서 넌
애 아니면 천사라서.

그게 무슨 말이겠어?

무슨 말인데?

나도 몰라. 그래서
너한테 물어보잖아?

나라고 알 리 없지.
누나한테 물어봤어?

물어봤지! 베를린
천사 얘기하더라.

그건 또 무슨 소리야?

119

아! 이제 알겠다.

「베를린 천사의 시」!

빔 벤더스 감독의 1987년 작.

DER HIMMEL über BERLIN

배경은 분단된 독일의 베를린.

전쟁의 상흔이 곳곳에 남아
치유를 기다리던 잿빛 도시에서

천사는 사람들의 일상을 살피며
공감하고 위로하려고 애쓰지.

근데 천사의 눈으로 본 도시의 삶은
절망적이지 않고 따스한 느낌이었어.

예전에 '처량함과 희망이 섞인 이런
도시의 느낌은 뭘까?' 하고 궁금했거든.

그래서 베를린이라는 곳에 꼭
한번 가보고 싶다는 생각도 했고.

브란덴부르크 문을 보러 갈 거라면 해질 무렵에 가세요.

날씨 좋은 날을 골라 오후에 베를린 대성당 정도에서 출발해 여유 있는 걸음으로 걷다 보면 차량을 통제하는 광장 멀리 서 있는 대문이 눈에 들어옵니다.

그러면 예전에 제2외국어로 배웠던 독일어 교과서 표지에서도 봤고, 독일을 안내하는 여러 책자와 인터넷 페이지에서도 봤던 베를린의 상징을 직접 보게 되었다는 감흥이 작게 느껴집니다.

가까이 다가서면 시야를 채우는 문의 크기가 커지면서 광장에 모여든 사람들의 면면이 함께 보입니다. 매우 다양한 인종과 다른 언어로 호들갑 떠는 사람들은 흥분한 모습에 홍조 가득한 얼굴로 사진을 찍고 있습니다. 다소 호들갑스러워 보이긴 하지만 다른 어느 곳의 배경을 뒤로 하고 찍는 것과는 사뭇 다른 감동을 가슴속에 담고 있다는 걸 한눈에 알 수 있습니다.

그들은 이 나라 국민, 이 도시의 시민들이 그해에 만나 다시 하나가 된 기쁨을 만끽했다는 걸 몸으로 느끼면서, 바로 그 자리에 서서 들떠 있는 자기들의 모습을 촬영하고 기록으로 남깁니다.

아마 그들 대부분은 이념이 가른 분단이라는 것도 통일이라는 것도 직접 겪지 않았을 겁니다. 그런데도 남의 나라의 통일을 상징하는 이미지에 잔뜩 도취되어 기억의 서사에 몸을 맡겨 동참합니다. 하물며 지금 분단되어 있는 곳에서 온 우리라면 어떻겠습니까?

참 가슴이 아리기도 하면서 벅차기도 한 기운이 가득한 광장에서 세계의 방문객들이 펼치는 품위 있는 아우성을 보노라면 "니들이 분단을 알아?" 하고 말하고 싶기도 하고 "니들이 우리가 바라는 통일을 알아?" 하고 외치고 싶어집니다.

그리고 어느새 상기된 하늘에 노을이 깔리고 브란덴부르크 문에 은은한 조명이 들어오면 광장의 분위기는 비로소 향연으로 바뀝니다. 그때까지 이미 여러 장의 사진을 찍어 확보한 사람들도 본격적으로 다시 격하게 셔터를 누르기 시작합니다. 여기저기서 들리던 서로 다른 언어들이 마치 하나의 소리가 되어 광장에 울리는 것 같은 착각이 들고, 그

브란덴부르크 문의
감격

공감의 도가 지나치면 베토벤의 9번 교향곡에 나오는 「환희의 송가」가 환청으로 들릴 수도 있습니다.

'여기는 화합과 평화의 전당이로다.'

대문 위에서 말이 이끄는 전차를 탄 여신의 선언이 어둠 가운데 더욱 선명히 느껴지면 사람들은 저마다의 음성으로 팡파르를 울리고, 세상을 살면서 몇 번 경험할 전율 중 한 번을 그 자리에서 느끼게 됩니다.

통일은 대박입니다.

하필 그 누구의 입에서 나온 말로 신문에 나서 회자되기도 했지만, 다른 말을 새로 찾아 쓸 일이 아닙니다.

브란덴부르크 문 앞에 선다면 통일이 왜 대박인지 누가 구구절절 설명해주지 않아도 그냥 이해가 되고 납득이 될 뿐입니다.

통일은 논쟁이나 설득의 결과가 아닙니다. 그저 전율입니다.

브란덴부르크 문을 보러 갈 거라면 해질 무렵에 가기 바랍니다.

▶ 브란덴부르크 문

제10화

"오시와 베시"
통일은 현재진행형

그때 우리가 30대 후반이었으니까.

세월 참 빠르네.
내가 벌써 65살이야.

통일된 지 30년이 다 돼가는데
독일인들 생각은 어때?

뭐가 어때?

잘한 것 같으냐는 거지. 통일
과정과 그 이후 독일의 모습이.

음….

그럭저럭 잘해왔다고 봐.
더 나은 독일이 됐잖아?

난 좀 불만이야.

뭐가 불만인데?

동독이 너무 갑자기 와해됐어.

그 말은?

동독의 사회주의가 건강한 상태로
유지됐더라면 하는 아쉬움이 있어.

점진적인 개혁을 하면서 말이야.

내 생각은 달라. 서독 시스템에서
복지를 늘리는 게 더 나은 방향이야.

같은 독일 사람이고 부부인데도 통일에 대한 생각이 다르네?

그럼. 독일인이라고 생각이 다 같은가?

한스, 그럼 당신은 동독 출신이야? 아님 서독 출신?

난 서독에서 줄곧 살았어.

엠마, 당신은?!

나도. 우리 둘 다 원래 서독 출신이야.

같은 체제에 살았지만 의견이 다를 수 있어.

그건 동독 쪽도 마찬가지일걸?

한국인들도 통일에 관심이 많지 않아?

응, 요즘 더 그렇지.

백 교수, 당신은 남북이 당장 통일이 되길 바라?

아무래도 좀 신중해야겠지?

너무 오랫동안 다른 체제로 살았고, 통일 비용도 만만치 않을 테니까.

좋아, 그럼 수길, 네 생각은 어때?

나도 교순데?신 교수.

그거 물어봤니?

너희 보니까 우린 정말
어떻게 통일이 됐나 싶다.

……

…….

정치체제는 어떻게 할 건지,

경제력의 차이는
어떻게 극복할 건지,

주민들 사이에 위화감은
어떻게 해결할 건지….

사실 그런 거 다 따졌다면
우리도 합치기 힘들었을 거야.

장벽이 우르르 무너지면서
기회가 주어진 면도 있지 않아?

맞아.

재고 따지고 할 겨를이 없었지.

출발 신호 울렸으니
나아가는 수밖에.

통일을 할지 말지의
문제가 아니라

이왕 하는 거 어떻게 더 잘할 것인가의 문제였지.

어떻게 하는 게 잘하는 거야?

역할 분담이 중요해.

개인별 단위별 지역별 역할.

각자가 역할을 잘해낼 때 사회의 신뢰가 조성되지.

그게 모이면 통일을 수행하는 국가의 역량이 만들어지고.

힘든 일이 한두 가지가 아냐. 돈도 많이 들고, 후유증도 있고.

그러니까 계속 더 나은 역할을 모색하는 선순환으로 나아가야지.

독일의 통일은 완결된 게 아냐.

지금도 진행 중이지.

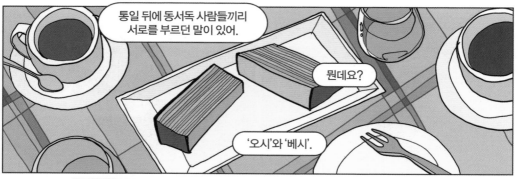

통일 뒤에 동서독 사람들끼리
서로를 부르던 말이 있어.

뭔데요?

'오시'와 '베시'.

오씨, 배씨?

오 서방, 배 서방이에요?

그게 아니라, Ossi와 Wessi.

독일어로 동이 Ost,
서가 West잖아.

채 해소되지 않은 이질감 때문에
서로를 다소 경멸적으로 부른 말이래.

말하자면 동독 놈, 서독 놈,
그런 느낌이었던 거지.

서로 뭐가 못마땅했는데?

동독인들은 서독 사람들을
물질적이고 오만하다고,

돈이면 다 되는 줄
아는 자들 같으니….

서독인들은 동독 사람들을
게으르고 바라는 게 많다고.

돈 벌기가
어디 쉬운 줄 아나?

완전히 다른 체제와 문화 속에
살았던 터라 여러 문제가 있었겠지만

결국 토대는 경제니까.

통일 후에 아무래도 주된 역할을
해야 하는 서독 입장에서는

팔 걷어붙이고,

구동독 지역 경제도
재건해야 하고

잘 한번…

사회보장제도도
확대 실시해야 하는데,

해볼까?

막상 뚜껑을 열어보니

어?

예상했던 것보다

쓸 만한 공장이…

상황이 심각했던 거야.

거의 없네?

그래서 서독 사람들은 전에 없던 '연대세'라는
추가 세율을 부담해야 했고

TAX

나 일해서 번 돈, 누구 좋으라고 쓰나?

구동독 지역 사람들은 실업율에 시달려야 했지.

JOB

일자리 없는 사람 서러워 살겠나?

상대적으로 낙후된 구동독 사람들의
열패감을 없애려면

우린 2등국민인가?

경제적 불균형부터 해결해야 하는데

살림이 나아져야
맘도 편해지지.

소득 격차를 좁히는
일이 결코 쉽지 않았어.

그랬겠죠?

1998년까지 구동독 주민의 소득이
서독의 75%에 그치는 수준이었으니까.

게다가 구동독 지역의
환경 파괴도 심각했어.

어머!

생태계가 그나마 유지된 강과 하천은
3%에 지나지 않았고,

36% 오염

42% 생물학적 사망 상태

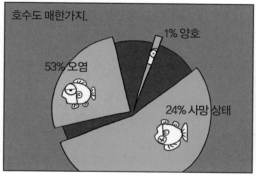

호수도 매한가지.

1% 양호

53% 오염

24% 사망 상태

대기가 매우 악화된 지역도 있었어.

스모그.

방사능 오염.

132

그런 산적한 문제들을 해결하는 데 얼마나 많은 돈이 들었겠어?

얼마나 많이 들었는데요?

통계 자료와 시각에 따라 차이가 많이 나긴 하는데,

통일 후 20년간 대략 2조 유로.

2조… 유로?

뜨악! 약 3,000조네?

놀랍지?

언니, 난 그 돈 액수보다 더 놀라운 게 있어요!

뭐가?

그 많은 돈을 쏟아붓는 동안 말도 많고 탈도 많았을 텐데,

독일이라는 배가 침몰하지도 않고,

엉뚱하게 산으로 가지도 않고,

순항 중이라는 게 더 놀라워요.

그 힘든 걸 해내면서도,

끙끙…

독일은 현재 유럽연합을 선도하고,

영차!

GDP 세계 4위 정도를 유지하잖아요?

이 정도.

와중에 난민 문제 같은 국제사회 현안에도 모범적인 태도를 취하고.

안 그래요? 놀랍지 않아요?

맞아, 지금까진 잘해온 것 같아.

그리고 계속 두고 봐야지.

어쨌든 독일의 사례를 통해 우리가 알게 된 것,

분명한 한 가지는…

분단국가에게 통일은 역사적 성과라기보다

새로운 출발이자 과제라는 걸 거야.

근데 언니, 이건 뭐예요?

바움쿠헨이잖아?

바움쿠헨?

몰라? 독일의 대표 디저트 케이크.

한 겹 한 겹 정성스럽게 반죽을 쌓으면서 굽지.

Baumkuchen

그렇게 만든 정교한 층이 나무의 나이테를 닮아서,

바움쿠헨이라고 부르는 거야. 독일어로 나무가 '바움'이잖아.

어쩌면 독일의 인내심 있는 통일 작업과 비슷하지 않니?

안 그래?

맛있는 거 먹을 땐 말 시키지 마….

결국 돈이 문제라고 합니다.

독일 정부는 구동독 지역의 생활을 개선하고 지역 간 격차를 해소하는 통일 재원을 마련하기 위해 세금을 걷었습니다.

이른바 '연대세'라는 명목으로 1991년부터 소득세나 법인세의 7.5%를, 1998년부터는 5.5%를 추가로 징수하고 있습니다. 동독에서 촉발한 반체제 열기와 공산주의 벨트가 와해되면서 이루어진 독일의 통일은 기본적으로 자유시장 경쟁 체제인 서독이 동독을 아우르는 형식이 될 수밖에 없었습니다. 사정이 그러하니 낙후된 구동독 지역의 경제와 삶의 질을 평균 수준에까지라도 끌어올리기 위한 많은 돈이 필요했습니다. 당시 서독 총리였던 헬무트 콜은 그 돈을 마련하기 위해 별도의 세금을 더 거두지 않아도 될 거라 낙관했습니다만 결과적으로 통일이 된 독일의 국민들은 과세 부담을 져야 했던 겁니다.

그래서 지금도 한국에서 보다 진보적인 쪽에서 적극적으로 통일을 거론할 때마다, 상대적으로 보수적인 쪽에서는 몰상식한 정권이 북한에서 여전히 세력을 굳건히 하고 있는 판국에 통일 문제는 신중하게 생각해야 한다고 하면서 돈 이야기를 꺼냅니다.

남북한 간의 이념과 정서의 격차는 차치하더라도 월등하게 차이가 나는 경제적 격차를 그나마 심각하지 않은 수준으로라도 맞추기 위해서는 천문학적인 비용이 들 거라는 겁니다. 그 재원 마련을 위해 당연히 살림이 더 나은 쪽 국민들이 세금으로 보태야 할 거라고 합니다.

사실 그 말은 맞습니다. 여러 정황상 한반도의 통일을 상상하면서 추산하게 되는 비용은 과거의 통화 가치를 현재에 맞추더라도 독일의 경우보다 틀림없이 더 많이 들 것입니다.

역시 돈이 문제인가요? 그 돈이 아까워서 형편이 충분히 나아질 때까지 통일을 미루기만 해야 할까요?

물론 혹자들은 분단에 드는 비용을 생각하면 통일 비용을 상쇄하고도 남는다고 말합니다. 또 어떤 외국의 투자 전문가가 통일 한반도는 가장 매력 있고 잠재력이 큰 투자 대상이 될 거라고 했다는 기사를 보기도 합니다.

역시 돈 문제인가요? 성장 둔화에 접어든 한국 경제에 활력의 변수를 기대할 만하기에 통일의 기회를 놓치지 말아야 하는 걸까요?

사실 돈 걱정을 하는 것이나 기대를 하는 것이나 지금으로선 기우나 망상일 겁니다. 동유럽 공산권과 소비에트 연방이 해체되고 독일이 통일된 일련의 과정에서 보았던 사례와 비교할 때 현재 북한 사회 구성원들의 의식 변화는 미동조차 없다고 봐도 무방할 겁니다. 이 마당에 국제사회의 모든 동의를 얻어내 한국 주도의 흡수통일을 추진한다고 해서 북한 지역 주민들이 납득하고 체제 변화를 바랄 리가 만무합니다.

만약 북한이 해방 이후 단 한 번의 변화도 없이 대를 이은 가계를 섬겨온 체제를 중단하고 진짜 민주주의를 수용할 의지를 천명한다면 우리가 돈을 따지겠습니까?

우리가 통일을 생각할 때 가슴이 벅참과 동시에 답답해지기만 하는 것은 돈보다 의지가 우선이기 때문입니다.

제11화

"가난하지만 섹시하다"
베를린을 배회하는 예술가들

저 두 사람 실제로 그림과 비슷하게 키스한 적 있어.

1979년 동독 수립 30주년 기념행사로 만났을 때.

소위 '형제의 키스'를 나눴어.

그림의 의미는 냉전 시절 오만했던 권력에 대한 풍자겠지?

형님, 화가 놈이 우리를 비꼬는데요?

나 죽고 난 다음이다.

이것 말고도 담벼락을 따라 많은 그림들이 그려졌어.

넌 뭐 그릴 거냐?

너 그리는 거 봐서.

베를린 장벽이 무너진 이듬해에, 세계 각지에서 모여든 예술가들이

세상에서 제일 큰 낙서장이 생겼단다!

그때까지 철거되진 않았던 장벽을 나름의 다양한 방식으로 장식했거든.

그림 좋네?

타고났거든.

그렇게 해서 조성된 1.3킬로미터에 달하는 크고 기다란 야외 갤러리를

모두 다 수작은 아니지만,

어차피 가져다 팔 그림도 아니잖아?

'이스트사이드 갤러리'라고 불러.

그때 그들이 여기 모였다는 사건 자체가 예술이지.

후후후후…

"사건 자체가 예술이다"?

베를린에 관한 꽤 적절한 표현이군.

통일을 겪은 베를린은 두 가지 감성을 제공했지.

누구에게? 지구촌 젊은 예술가들에게.

장벽 붕괴라는 극적인 사건이 벌어진 시간.

그리고 또 하나는 뭐? 그건 바로 공간이었어.

버려진 채로 열려 있던 빈 공간들.

동베를린 구역에는 임자 없는 건물들이 여럿 방치돼 있었지.

썰렁~

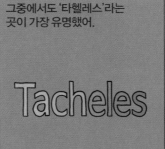

그중에서도 '타헬레스'라는 곳이 가장 유명했어.

Tacheles

구동독 백화점 건물이었던.

엄청 낡았네.

폐허였지만 가난한 예술가들에게는 더할 나위 없이 매력적인 공간이었어.

왜? 집세를 낼 필요가 없는 곳이었으니까.

……?!

1990년 무명의 예술가들 몇이 거길 '점령'한 거야.

살자!

무단 침입이었지만 크게 제재를 받지 않았어.

잡혀갈 때 가더라도.

왜?

어수선한 시절이었으니까.

처음에는 몇 명 되지 않았던 점거인들의 수가 점점 늘어났고.

월세 안 내는 작업실이 있대!

어디?

베를린!

타헬레스는 예술 좀 하겠다는 자유로운 영혼들을 불러들이는 성지가 됐지.

난 파리에서 왔다.

난 뉴욕.

난 밀양.

그렇게 시작된 거야.

오늘날 베를린이 파리나 뉴욕보다 뜨거운 예술의 중심지가 된 이야기가.

여기야.

타헬레스.

지금은 베를린 곳곳에 근사한
갤러리들이 많이 생겼지만,

여기야말로 한때 아방가르드 예술가들의
은신처이자 베를린 현대미술의 고향이었지.

한동안 예술가들뿐 아니라 베를린을 찾는
관광객들의 발길을 끄는 곳이기도 했어.

이곳을 거쳐 제도권 갤러리로
진출해 유명해진 화가들도 많아.

나중에는 어중이떠중이 다 모여들어
예술과 향락과 탐욕이 뒤섞이다가

이젠 뿔뿔이 흩어지고
건물은 재개발을 기다리고 있지.

지금은 못 들어가나요?

출입통제잖아?

옛 소문 듣고 찾아오는 이들도 멀리서 보며 상상만 하는 거지.

그럼 여긴 앞으로 뭐가 돼요?

하하하, 뭐가 되긴? 그거야 임자 맘이지.

땅 주인이 생겼어요?

베를린은 이제 자본주의 국가야. 임자 없는 땅이 어디 있겠어?

개인이든, 회사든, 주인이 있겠지.

그럼 가난한 예술가들은?

여기저기 떠돌겠지. 집세가 싼 데를 찾아서.

그러다 떠서 성공할 수도, 아님 계속 방황할 수도.

......

세월이 몸을 붙잡아 앉히려 해도 파랑새를 좇는 인생.

그들에겐 그 자체가 예술이잖아?

아, 진짜, 학장님 이 동네 벌써 몇 바퀴째입니까?

하케셔마르크트 역에서 가깝다고 했는데?

여기 어디쯤 있을 텐데?

멀쩡한 갤러리들 놔두고 뭘 보겠다고?

찾았다! 로젠탈러 거리 39.

뭡니까? 후미진 골목이지 않습니까?

여기가 베를린 하위 미술의 진면목을 볼 수 있는 데라더라.

하위 미술이요? 비주류 거리 미술 같은 거요?

학장님, 그라피티*니 뭐니 그런 거에 관심 없지 않으십니까?

관심 없어도 여긴 봐야 한다.

타헬레스는 닫혔어도,

투덜….

예술가들의 치기는 어딘가에 또 모인다고.

투덜….

여기가 바로 지금 그곳이란다.

투……

＊**그라피티** 길거리 여기저기 벽면에 낙서처럼 그리거나 페인트를 분무기로 내뿜어서 그리는 그림

허억!

놀랍지?

세상에….

온갖 화려하고

우스꽝스럽고

기괴한 그림들이

덧칠해지고
있는 듯한…

이 충격적인 광경은
뭐란 말입니까?

방황하는 영혼들의 집결지다.

클라우스 보베라이트 알지?

베를린 시장이었던 정치인 아닙니까? 2001년부터 13년 동안.

그래, 그가 남긴 유명한 말이 있지.

뭡니까?

Klaus Wowereit

베를린은 "가난하지만 섹시하다".

당시 베를린이라는 도시가 지닌 잠재력을 꿰뚫어본 한마디였어.

그게 뭡니까?

둘이었다가 하나가 된 베를린만의 독특한 시대와 공간이라는 감성.

그걸 채울 가장 뛰어난 가치가 뭐였겠어?

문화 예술.

그래, 그래서 섹시한 거지.

그럼 베를린이 가난하다는 건 뭡니까?

학장님, 저 친구 폼이 딱 예술가인데요?

그럼 한번 얘기해봐. 베를린의 예술에 대해.

실례 좀 하자.

……?

너 보아하니 예술가 같은데?

겉모습만 보고 시대정신을 가진 예술가라는 걸 알아?

하하하하 그럼 넌…

이 시대 베를린에서 예술이 다뤄야 할 주제가 뭐라고 생각하니?

그걸 몰라서 물어?

뭔데?

당연히 '미테'지.

미테?

응.

이 친구 'Miete' 말하는 거다.

그게 뭔데요?

'집세'

다른 주제가 뭐 있겠어?

베를린도 많이 변했어. 예전과 달라.

가난한 예술가들은 점차 후미진 곳으로 내몰리고 있다고 푸념하지.

보베라이트 시절이 좋았다고 말이야.

그래도 베를린은 여전히 매력 있고 예술적인 도시야.

가난하고 어쩐지 불안하면서도 좀처럼 희망이 사라지지 않는….

그런데 아저씨 누구세요?

얘기할 타이밍에 11화 끝났다.

베를린 여행자들에게 최적인 노선버스 200번을 타고 가다 보면

안내 방송에서 귀에 꽂히듯 선명하게 들리는 한마디.

"필하모니".

130년이 넘는 전통과 명성의 베를린 필하모닉 전용 음악당을 가리킨다.

'Philharmonie'는 말 그대로 '조화'를 '사랑'한다는 의미다.

제12화

"필하모니"
함께 잘 살 것이다

여긴 크로이츠베르크.

Kreuzberg

예로부터 가난한 노동자와 이민자들이 터를 잡은 동네야.

다른 곳보다 집세가 싼 편이라 예술가들도 많이 모여들었지.

지금은 베를린의 문화 다양성을 보여주는 대표 지역이 됐어.

근데 아저씨 누군지 아직 얘기 안 했어요.

말 안 해도 알게 돼. 아저씨 아냐. 형이야.

그게 무슨 소리…?

이 팀장님!

장 이사님, 오랜만이군요.

누나, 아는 아저씨야?

가영아….

형이야….

151

베를린 주재 한국문화원에서 언론 홍보 담당하시는 분이야.

동준 형이라고 불러.

이 팀장님 베를린에 오래 계셨어.

길고도 짧은 시간이었죠.

베를린의 매력에 빠져 훌쩍 보낸 세월이었으니.

그러게요?

요한이는 독일 어때? 형들이 잘해줬어?

응, 잘해줘요.

자! 그럼 멤버 잠깐 교체하자.

응?

너희는 이 팀장님과 동행하고.

이 아저씨랑?

형이랑….

요한이는 누나들이랑 가자.

응.

응.

넌 뭐야?

나도 누나들이랑….

저리 안 가?

152

너희한테 현재 독일의 연대와 다문화의 현장을 보여줄게.

'코티'라고 들어봤어?

아뇨?

코트부써 토어 역 인근 지역을 부르는 애칭이야.

19세기 후반부터 도시 노동자들의 거처인 막사 임대주택이 있던 곳이지.

2차대전 때 많이 파괴되었는데 전쟁 후로도 재개발이 더뎠어.

신도시 개발도 결국 다 돈 문제지.

독일 경제부흥 때는 이민 노동자들이 모여 사는 터전을 조성했고,

돈 벌러 왔으니 비싼 동네는 못 가지.

사회주택이 민간 부동산 회사로 매각되었을 땐 세입자들이 곤경에 처하기도 했지.

집세 오를 테니 각오혀.

올리면 우린 버틸 겨.

점거와 퇴거가 반복되는 와중에 사회 저항과 더불어 하위 문화가 발달했어.

버틴다고 될 일 아녀.

연대하면 될 일이여.

재개발과 세입자 문제라니, 어디나 다 비슷하네요.

여긴 좀 다른 면이 있어.

어떻게요?

거주 불안 문제가 생겼을 때, 연대하는 경험을 쌓았다는 거.

이 지역을 중심으로 활동하는 '코티운트코'라는 단체가 있어.

Kotti & Co.

처음엔 당면 과제를 풀기 위해 세입자들끼리 모였는데,

동네 아줌마들 무서운 걸 보여주자고.

점점 주민, 지식인, 예술가들이 힘을 보태는 조직으로 커졌어.

우리도 월세 오르는 건 싫지.

문제의식을 대내외에 알리고 해법을 공유하면서

집세 문제, 남 일 아니다!

협상을 통해 주거 문제를 해결해나갔고,

연대하니까 집주인 안 무섭지.

나아가 다양한 사회 문제에 개입하는 운동으로 확대됐어.

인종 문제,

주택 정책 등.

그 연대라는 건 지역에 한정하지 않고 독일 전체가 공유하는 의식인가요?

그 질문의 속뜻은?

이민자와 난민에 관한 독일인들의 의식이요.

오! 무거운 주제인데?

독일 도착하고 본 신문 헤드라인이 켐니츠 소요사태* 기사였거든요.

!!!

1만 명에 달하는 우익 시위가 열렸고, 극우 성향 군중들이 경찰과 충돌했다는.

……

아~ 만화가 너무 심각해졌어.

괜히 여길 온 건가?

동물원이나 갈걸….

…….

…….

좋아! 일단 시위의 도화선이 된 사건은 아래에 작게 쓰고.

내가 경험한 바로 독일 사람들은 우익이 준동할 때,

우려하면서도 낙관하더라고.

자칫 네오나치 같은 극우 세력이 독일을 흔들까 봐 염려하지만,

대부분은 그래도 독일이 자정능력이 있다고 믿거든.

＊켐니츠 소요사태 작센주 켐니츠에서 독일 청년이 이라크, 시리아 출신 난민들과 시비 끝에 살해당한 사건.

155

그래도 AfD 같은 정당이 주 의회에 진입한 걸 보면….

그만!! 거기까지! AfD 얘긴 다음에!

배고프다.

…….

우리 케밥 먹자!

너희 커리부르스트 먹어봤어?

예.

또 독일에서 못지않게 많이 먹는 게 케밥이야.

아~ 예.

케밥은 터키 음식 아니에요?

그렇지!

예전에 터키에서 사람도 많이 왔고 케밥도 왔지.

오오!

독일에 터키계 이민자들 엄청 많아. 150만 명 정도 될걸?

우와!!

여기 코티도 터키 이민자들이 집단으로 거주하는 지역이야.

어쩐지 동네 분위기가 딴 데랑 좀 다르더라.

근데 독일에 터키계 사람들이 왜 유달리 많은 거예요?

그건 말이야.

1950년대부터 독일 경제가 급성장했잖아?

일손이 부족했던 독일은 외국 노동자들을 불렀지.

그때 터키 사람들이 많이 왔어.

가까운 나라면서 상대적으로 임금이 싼 노동력이었거든.

그렇게 들어온 이들 대다수가 돌아가지 않고 남았는데

가족을 데려오기도 하면서 다음 세대로 이어진 거지.

그들이 독일 경제에 기여를 한 셈이네요?

그렇지.

독일인들은 그 점을 인정하나요?

케밥 먹어.

이민자와 난민에 관한 의식이라….

그건 독일 사람들 모두의 의견을
전부 조사하기 전엔 모를 일이지.

하지만 문제를 다루는 안목이
딴 나라에 비해 열린 편이긴 해.

우익 세력들은 공공연히
불만을 드러내기도 하지만

그들의 배타성이 공존을 지향하는
정책 방향을 뒤엎진 못할 거야.

글쎄요….

'독일을 위한 대안'의 위세가
점점 커지는 경향은요?

AfD 말하는 거냐?

최근 세계가 보수 경향이 짙어져서
그런 정당이 힘을 좀 받기도 했지.

그러니까요.

거리에서 작당하고 떠드는 수준이 아니지 않습니까?

네오나치라면 치를 떨고 극우를 경계하는 독일이라면서도,

극우 성향인 AfD는 정치 조직화에 일단 성공한 셈이지 않습니까?

맞아, 원내 진입 장벽인 5퍼센트 지지 하한선을 뚫고 16개 주 의회에 모두 진입했으니까.

어쨌든 두고 볼 일이다.

그리고 난 믿는다.

아무리 힘겨워도 조화를 이루겠다는 독일의 의지를.

과거 자신들의 배타적인 선택이 초래한 비극을 알고,

장벽을 깨고 하나의 국민으로 조화롭게 살겠다는 다짐을,

국제사회가 믿어준 경험을 기억하고 있을 테니까 말이다.

와! 베를린 필하모니다!

와보니까 어때?

진노랑의 기하 형태, 화려하지 않고 친근하지?

응.

요한아, 그거 아니?

2차대전 폭격으로 폐허가 되고 음악당을 잃어버린 베를린에서

1949년에 시민들이 모금을 펼쳤단다.

그들은 하모니가 그리웠던 거야.

더 놀라운 게 뭔지 아니?

새로 짓는 필하모니 설계안들 가운데 베를린이 선택한 건

차별도 우열도 없이 오직 조화만 있는 공간이었어.

저 안에 세상에서 가장 평등하고
조화로운 공연장이 있단다.

주인공들이 올라가는 무대는 앞이나
위가 아닌 정중앙 아래에 있고,

사방으로 2,440개의 객석이
층층이 고르게 배치돼 있어.

감상할 때 가장 싼 좌석과
비싼 좌석의 차이가 거의 없지.

다 같이 하모니를 들으며
조화를 누리는 곳.

필하모니란다.

　독일에서는 기본법 제21조에 의거해 정당 설립은 자유지만 2차대전 후 서독 시절부터 통일이 될 때까지 독일의 정당 정치사에서 핵심적인 역할을 해온 주요 정당들은 사민당(SPD), 기민당(CDU), 자민당(FDP), 동맹 90/녹색당 네 개 정도입니다. 구동독에서는 독일 사회주의통합당(SED)이 권력을 독점하다가 통일 후에는 민주사회당(PDS)으로, 다시 좌파당으로 이어졌습니다.

독일 사회민주당 SPD
(Sozialdemokratische Partei Deutschlands)

중도 좌파 성향으로 독일 정치사에서 수차례 집권하면서 정치력을 발휘해온 유력한 정당입니다.

　19세기 사회주의 노동운동으로부터 출발해 비스마르크 시대의 혹독한 사회주의 탄압도 이겨낸 사민당은 서독 시절 자민당과 연립해 총리 빌리 브란트, 헬무트 슈미트를 배출했고 통일 후에는 1998년부터 2005년까지는 동맹 90/녹색당과의 연정으로 게르하르트 슈뢰더를 총리로 세워 집권했습니다.

독일 기독교 민주연합 CDU
(Christlich Demokratische Union Deutschlands)

약칭 '기민당'으로 불리는 CDU는 가톨릭과 개신교 대표들이 1945년에 함께 창당한 보수 성향의 정당으로 독일 연방 정치사에서 가장 오래 집권한 당입니다.

　서독의 총리를 역임한 콘라트 아데나워, 루트비히 에어하르트, 쿠르트 게오르그 키징어, 그리고 통일 당시의 총리 헬무트 콜이 이 당 소속의 정치인들입니다. 2021년까지만 총리직을 수행하겠다는 현임 앙겔라 메르켈 역시 기민당 소속입니다.

독일 정치에
웬 자메이카 연정?

자유민주당 F.D.P.
(Freie Demokratische Partei)

개인의 자유를 성취하고 보호하는 것을 최우선적 가치로 삼으며 국가의 역할 축소를 지향하는 자유주의 정당입니다.

한 명의 총리도 배출한 적은 없지만 사민당과 기민당이 과반수 의석을 확보하지 못할 때 늘 캐스팅 보트 역할을 했으며 연정으로 참여한 여당 경력은 기민당에 못지않습니다.

동맹 90/녹색당
(Bündnis 90/Die Grünen)

환경, 반전 평화, 반핵, 여성, 인권 등 현대사회가 요구하는 문제들에 관한 해법을 내세워 1979년에서 1980년 사이 서독에서 녹색당으로 창당했고, 구동독의 SED 독재에 저항한 운동모임 동맹 90과 1993년에 통합한 정당입니다.

1998년 사민당과 연정해 여당 경력을 쌓았습니다.

자메이카 연정은 독일 기독교 민주연합, 자유민주당, 동맹 90/녹색당 3개 정당의 상징색이 자메이카 국기를 구성하는 색과 같은 데서 유래된 이름입니다.

독일의 정치사에서는 여러 형식의 연정, 즉 둘 이상의 정당들이 연립정부를 구성해 국가를 운영하는 방식이 행해졌고, 현재의 집권당도 연정을 구성하고 있습니다.

유권자들이 어지간해선 한 정당에 과반수 의석 확보에 필요한 만큼 표를 주지 않기 때문에 하나의 정당이 단독으로 집권한 사례는 극히 드뭅니다.

독일의 연방과 주 의회 선거에는 '5% 봉쇄조항'이라는 것이 있습니다.

정당이나 정치 조직이 연방 하원 또는 주 의회에 진입하기 위해서는 전체 득표율의 5%를 넘어야 한다는 규정입니다.

1953년부터 도입된 이 조항은 군소 정당의 난립으로 인한 정국 혼란을 방지한다는 취지인데, 결과적으로 네오나치주의자들이 결성하는 극우 단체나 사회 혼란을 야기하는 극좌 단체가 제도권 정치에 나서는 걸 차단하는 진입 장벽으로 작용해왔습니다.

물론 독일은 지난 역사의 경험을 통해 극단적인 경향의 정치 노선에 대해서는 불관용의 원칙을 갖게 됐기 때문에 극우 정당인 사회주의제국당(SRP)을 1952년에, 극좌 정당인 독일공산당(KPD)을 1957년에 연방헌법재판소에서 해산시킨 적이 있습니다. 그러나 시시때때로 출몰해서 집요하게 원내 진입을 노리는 극우 정당들이 여론을 선동해 세력화하는 걸 원천방지하기란 쉽지 않습니다. 그래서 5% 봉쇄조항은 우경화되는 국제 정서의 변화 속에서 독일 사회가 나름 믿고 있던 구석이기도 했습니다.

그런데 최근 한 문제적 정당이 우려할 만한 세력을 형성했습니다. 약칭 AfD로 불리는 '독일을 위한 대안(Alternative für Deutschland)'이라는 극우 성향의 정당입니다.

유로존을 반대하고 난민 문제에 우호적인 정부를 비판하며 유럽연합의 공생보다 자국의 이익을 우선시하는 이 당은 2013년 유로존 탈퇴와 마르크화 회귀를 주장하며 창당했습니다. 창당 초기 통일 후유증과 유럽연합에서의 독일의 책임 등에 관한 문제 등을 건드려 여론을 모았지만 역시나 극우를 경계하는 국민 정서로 5%의 벽을 넘지는 못했습니다.

그러나 독일 국민들의 가슴속에 묻혀 있던 애국주의, 민족주의, 국가주의의 봉인을 서서히 해제하면서 최근 16개 모든 주 의회에 진입하는 데 성공했습니다. 급기야 2017년 총선에서 5%의 벽을 깨트리고 연방 하원 의석을 확보하면서 독일 제도권 정치에 발을 들여놓았습니다.

세계 언론의 평을 빌면 AfD가 메르켈 총리의 적극적인 난민 정책을 못마땅해하는 독

5%의 벽,
그리고 문제적 정당

일 국민 정서를 등에 업고 약진한 것이라고 합니다.

바로 이 대목에서 오늘날 독일의 알려진 얼굴 뒤에 숨겨진 얼굴이 읽히는 건 어쩔 수 없습니다.

프랑크푸르트, 베를린, 라이프치히, 하이델베르크 등지에서 만난 독일인들이 말하길, 독일 국민들 대다수는 평화를 지향하는 입장에서 메르켈의 정책을 지지하기 때문에 상식적인 독일 국민들은 지금까지 그래왔던 것처럼 극우 세력의 준동을 막아낼 거라고 했습니다. 그들은 독일 사회의 미래를 낙관했지만 또 다른 곳곳에서 AfD는 대안으로 인정받은 것입니다.

지금 독일은 유령처럼 떠돌던 우파의 망령이 실체를 갖추고, 독일 국민들이 보이지 않게 숨겨줬던 손으로 마련해준 옷을 갖춰 입기 시작한 마당입니다.

AfD는 문제적 정당입니다.

이 문제를 앞에 둔 독일인들이 어떤 해법을 내놓을지 궁금합니다.

제13화

"무대에 서면"
관계 맺고 잘 지내는 법

할머니 사랑해….

…….

눈이 왜 그래?
제대로 못 잤나?

요한이한테 사랑받느라.

하하하 걔가 꿈꿨나 보구나.

피곤해.

근데 요한이는 바이올린을
얼마나 잘 쳐?

북이냐? 치긴 뭘 쳐?

그냥 연주를 잘하는 정도가 아니거든.

그럼?

연주 실력은 이미 국내외 음악가들이 다 인정했어.

......?

협연하자는 세계 정상급 관현악단들도 한둘이 아냐.

그 사람들이 어떻게 알고?

세상이 아무리 넓어도 요한이 정도 되는 천재는 숨을 곳이 없어.

그런데 왜?

안 나서냐고?

응.

무대에 오르기 전에 칭찬받고 싶은 사람이 한 명 더 있다나 봐.

......?

지금까지 할머니 앞에서 연주하고 사랑받았던 것처럼.

그게 누군데?

군터.

오늘날 독일이라는
나라가 그런 나라다.

어떤 나라요?

나서지 않으래야
안 나설 수가 없는 나라.

주인공 역할을 마다해도
맡을 수밖에 없는 나라.

현재 유럽연합을 이끄는
주역이 어디라고 생각하냐?

독일이죠.

달리 생각할 사람이
거의 없겠지?

글쎄요?

독일이 요즘 정치 경제 외교
면에서 어디 보통 나라더냐?

유럽연합 회원국 전체 GDP의
20%가 독일의 몫이다.

벌이로 치면 맏형일세.

형이 뭐여? 아버지여.

전문가들의 유로존 경제 전망에는
늘 독일의 상황이 근거가 되지.

자네가 건강해야 돼.

국제 문제를 다룰 때 세계 언론의 시선이 유럽에서 가장 많이 쏠리는 곳도 독일이고

선망과 더불어 비판과 견제를 가장 많이 받는 나라도 독일이다.

독일이 대수냐?

대수는 아니고 대세지.

좀 더 과격하게 독일의 위상을 표현하는 오피니언들도 있지.

놀라지들 마세요!

유럽연합의 실질적인 본부는 브뤼셀이 아니라 베를린이라고 하기도 하고,

여깁니다!

베를린

어떤 이는 베를린이 유럽을 지배한다고도 해.

이거 원 자존심이 상해서.

따로 놀고 싶지?

자의든 타의든 독일이 유럽 무대의 중앙에 서는 건 현실이 됐다.

격세지감 아니겠느냐?

뭐가요?

170

2차대전이 끝났을 때 전승국들은 독일이 부강해지길 원치 않았을 거야.

그래서 나라를 넷으로 나눴죠.

그런데 어느새 독일은 전쟁이 아닌 정치 경제로 강대국이 되었어.

격세지감 맞네요.

그럼 이제 독일은 어떻게 처신할까요?

처신?

학장님 말마따나 독일은 사정이 복잡한 나라 아닙니까?

일단 지정학적인 위치부터 예사롭지 않습니다.

무려 아홉 개 나라와 국경을 맞대고 있어.

덴마크

네덜란드

벨기에

룩셈부르크

프랑스

스위스

폴란드

체코

오스트리아

거기다 결코 가볍지 않은 역사의 짐을 짊어지고 있으니까요.

민폐 끼친 전적이 있다 보니.

자칫 나서서 유럽의 우두머리 행세를 하면 딴 나라들이 과거를 떠올릴 테고.

쟤 또 저런다!

근본은 못 숨겨.

뒷짐 지고 물러나 있으면 책무를 다하지 않는다는 소리나 듣지 않겠습니까?

혼자만 잘 먹고 잘 살면 그만이냐?

독일이 잘나가는 건 견제하면서, 유럽연합이라는 공동체에
필요한 역할은 해주길 기대하는 주변국들 사이에서 말입니다.

어쩌라는 거지?

궂은일은 마다 않고
생색은 내지 말 것!

그 와중에 세계 정세가
우경화 추세라면,

내 나라 이익이 우선이다!

국내에서 제기되는
불만들도 있을 텐데.

유럽연합이 먼저냐?
독일이 먼저냐?

독일의 처신이 참
힘들지 않겠습니까?

더불어 잘 살기
말처럼 쉽지 않네.

그럼에도 독일 역사학자 하겐 슐체는 저서 『새로 쓴 독일 역사』 말미에서
국제사회 문제에서 독일은 과거와 다를 거라고 낙관하더라고요.

"유럽 여러 나라와의 긴밀한 관계
속에서 문제를 해결하게 될 것"

독일은 정말 잘 해낼 수 있을까요?

물론이다. 내가
아는 독일이라면.

역시 독일 '빠'시네.

뭐? 빠?

172

우와!

사람 엄청 많네요?

여기 어디에요?

뭐 하는 데에요?

공원이야. '마우어파크'라고 불러.

마우어파크?
번역하면 장벽 공원?

저 뒤편에 장벽이 남아 있어.
그 주변에 조성된 공원이지.

이 인파는요? 오늘 유독
사람들이 많은 건가요?

일요일이라 그런 거야.

벼룩시장?

매주 일요일에 베를린에서 가장 큰 플리마켓이 여기서 열리거든.

응, 둘러봐. 없는 게 없을걸?

중고 생활용품.

얼마 안 된 거야.

골동품들.

오래된 거야.

향수를 불러일으키는 것들.

아날로그 감성이야.

먹을거리를 파는 상점들은

ITALIAN STREET FOOD
PASTA

금강산도 식후경.

종류도 많고,

군침 도네.

문화도 다양해.

한국 지짐이도 있다!

Jijim-i
4,50

물건을 사고파는 사람들.

에누리 없어?

그게 뭔데?

휴식을 취하는 사람들.

잠이 보약이여.

Z Z Z

길거리 공연을 즐기는 사람들.

잘 부르네.

노래 경연대회에 참가하는 사람들.

한 곡 뽑아볼까?

베를린에 사는 독일 사람들.

겉보기에 좀 달라 보이는
다문화 시민들.

타지에서 온 여행객들.

모두 한데 모여 향연을 펼치는 곳이야.

정말 좋은데?

이색적이지만
낯가림이 없어.

동화되는 기분이야.

물건으로 각자의 일상을 나누고,

돈을 건네면서도 기분으로 거래하는,

이해타산보다 공감이 더 느껴지는 시장.

세계가 이런 시장이라면…

세상이 이런 무대라면….

암튼 좋다!

베를린, 맘에 들어.

독일, 기분 좋아.

……

베를린에서의 여정이 거의 끝나가는군.

이쯤에서 역사를 좀 살펴봐야겠지?

독일의 역사를……

어디서부터 시작해야 할까?

프로이센과 도이치제국?

프리드리히 대왕?

그 옛날 카를 대제의 프랑크왕국?

13화는 끝났으니까 14화부터…….

177

독일 역사에서 가장
오래된 영웅은 누굴까?

맞춰봐!

서기 9년 토이토부르크 숲 전투에서
로마제국의 군대에 맞서 승리를 쟁취한

아르미니우스!

게르만족의 일파인 케루스키족의
지도자였던 그는 오늘날
헤르만으로 불리는데,

동상도 세웠어.

그 이름은 독일 역사의 시작이라기보다

게르만족이 모조리 다
독일인이 된 건 아니니까.

독일인들의 기억에 새겨진
민족적 자부심의 기원이다.

그래도 로마의 콧대를 꺾고 헤르만이
지켜냈던 그 땅이 지금의 독일이니까.

제14화

"역사 1"
로마를 계승한 게르만

서기 476년 유럽에서 로마제국의
시대가 막을 내렸어.

뚝!

로마가 고용한 용병대장 오도아케르가
로물루스 아우구스툴루스 황제를 폐위시켰지.

일꾼이 고용주를 잘라?

힘 없으면 뚝!

물론 동쪽 비잔틴에는
동로마제국이 건재했지만,

우리 아직 살았다!

거긴 언제 건너갔냐?

독일 역사가 전개된 곳은 유럽이니까.

어쨌든 서로마는 끝났다!

자! 주인공이 사라진 무대에서
각축전이 벌어졌겠지?

이제 게르만족들끼리 겨뤄보자!

일찌감치 스페인 쪽에
터 잡은 서고트족.

틈새 공략이다.

영국으로 물 건너간
앵글과 작센족.

앵글로-색슨이라고 불러줘.

이탈리아 부근을 얼쩡댄
동고트와 랑고바르드족.

나중에 누구한테
깨지지만.

갈리아의 부르군트족 등등.

그 누구한테
합병되지만.

최종 승자는 누구였을까?

누군데?

179

유럽의 새 주인공은 프랑크족이었어.

나?

라인강 주변을 거점으로 성장한
프랑크족은 5세기 말에 왕국을 세웠는데,

그때 왕조를 메로빙거 왕조라고 해!

왕국을 창업한 클로비스 1세는
로마 가톨릭으로 개종도 했어.

게르만 우두머리 중에서
내가 최초의 세례 교인이다!

메로빙거 왕조의 프랑크왕국은 두 세기 정도
거치면서 분열되고 왕조도 쇠락했는데,

자식들한테 나눠서
물려주다 보니.

MERO
VIN
GIAN
DYNASTY

차츰 힘 빠진 왕보다 궁재라는
신하의 활약상이 더 돋보였어.

이럴 바엔…

그러다가 피핀이라는 궁재가
허수아비 왕을 몰아내고

내가 왕 하지 뭐.

MERO
VIN
GIAN
DYNASTY

새 왕조를 열었어.

이제부터 카롤링거 왕조.

CAROLIN
GIAN
DYNASTY

쿠데타로 집권한 피핀에게는
왕권의 정통성이 필요했지.

폼 나는 보증인 없나?

영리한 피핀은 로마 대주교를
화끈하게 밀어주기로 했어.

교황은 멀쩡하지!

그는 이탈리아 지역의
롬바르드족을 격퇴하고,

짐 빼!

이탈리아의 알짜배기 땅을
교황에게 헌납했어.

여기 살림 차리시오.

고마워서 어쩌나?

고마우면 보증 서주쇼.

그곳이 오늘날 교황령의
기초가 되었지.

맘 같아선 로마 황제
라고 보증해주고 싶네.

폼은 나겠네.

이제 곧이어 걸출한
인물이 등장해.

오오!

근데 좀 힘들다.

잠깐 쉬어.
배턴 넘기고.

누구한테?

있잖아? 걸어
다니는 빅데이터.

아하!

나와 주세요.
신수길 교수님!

음하하하하!
어디까지 했냐?

피핀!

좋아!

이제 프랑크왕국의
초절정기로 넘어간다!

와아아!!

세계사를 공부하다 보면 여러 나라 역사에 공통으로 등장하는 중요한 인물이 있어.

이름하여! 카를 마그누스!

Karl Magnus

독일에서는 카를 대제라고 부르고,

카를 데어 그로쎄.

Karl der Große

프랑스식으로는 샤를마뉴.

Charlemagne

스페인에서는 카를루스.

Carlomagno

까를로마뇨!

?

영어로는,

그냥 찰스라고 하지 뭐.

카를 대제는 엄청난 위업을 달성한 군주였어.

아버지 피핀으로부터 물려받은 프랑크왕국의 영토를 더욱 넓혀서

군대 출정을 50번도 넘게 했어.

전쟁광이셨나?

게르만의 수장들 중 유일무이하게 유럽 전역을 통일했지.

부동산광이었어.

카를 대제가 차지했던 땅이 어느 정도였냐면,

북으로는 북해에 닿았고,

동으로는 엘베강까지.

서로는 영국해협과

피레네산맥에 이르렀고,

남으로는 이탈리아 북부까지.

예전 로마제국과 맞먹는 걸 혼자서 다 먹었네!

가톨릭 신자였던 그도 아버지 피핀처럼 로마 대주교를 위해 교황령을 확보해줬는데,

계속 여기서 살림 차리쇼.

뭘로 보답하나?

당시 교황이었던 레오 3세는 성 베드로 성당에서 그의 헌신에 보답했어.

이런 거 마음에 들라나?

뭔데?

교황은 카를 대제에게 서로마 황제의 관을 수여한 거야.

이래도 되는 건가?

안 될 거 뭐 있어? 서유럽 통일했는데.

이게 댁 소관인지 그걸 모르겠다고.

비잔틴의 동로마 황제가
버젓이 존재했고,

진짜 황제 여기 살아 있다!

서로마제국이 멸망하고
300년도 더 지난 마당에

옛날 옛적
로마라고….

들어는 봤다.

로마 황제라는 건 상징적인
지위에 지나지 않았지만,

나더러 로마 황제 하란다.

그런 건 뭐 하러?

범 게르만의 통합 유럽 왕국을 건설하려는
카를 대제에게는 그럴싸한 명문이었고,

폼은 나잖아?

동로마 황제의 간섭에서 벗어나고 싶었던
교황도 든든한 힘이 필요했으니,

댁보다 잘난 파트너 찾았다!

얼마나 잘났는데?

일단 땅 부자다!

서로 간에 이해가 맞아
떨어진 사건이었던 거지.

중세 유럽의 세속권력과 가톨릭
교회의 관계가 그렇게 시작됐군.

어쨌든 카를 대제는

이왕 할 거!

이름값 하겠다고 나섰어.

제대로 해보자!

자신이 넓힌 영토를 로마처럼
문명화시키겠다고.

게르만의 브랜드
이미지를 바꾸겠다.

광대한 지역을 효과적으로
통치하기 위해

혼자서 어떻게 다스릴까?

과거 로마의 제도를 모방해
행정제도를 개편했는데,

'두카티'라는 행정구역에

ducati

'둑스'라는 귀족 관리를 파견.

dux

그게 공작이라는 귀족과
공작령의 모태가 됐어.

작위 중에 제일
높은 '듀크' 알지?

Duke

수많은 필경사들을
후원하고 격려해서

혼신을 다해 베껴야 한다!

라틴어 고전들을
후세에 전하는 일에

이것이 훗날 유럽 지성의
데이터베이스가 될 거다!

집념을 불태우기도 했어.

나, 한다면 한다!

그 외에도 도량형, 역법, 화폐제도
등을 다듬고 예술을 장려하면서

열심히!

옛 로마 문명 같은 문화의
부흥을 꾀했는데,

더 열심히!

Carolingian
Renaissance

그 시절을 일컫는 말이
'카롤링거 르네상스'야.

정말 혼자서 많은 일을 했네?

달리 '대제'가 아니었지.

근데 그 한 사람의 역량이
사라졌을 때, 왕국은?

쪼개졌지.

185

카를 대제의 손자들은 할아버지가 남긴 영토를 놓고 치열하게 다퉜어.

아버진 안 계시니?

우리한테 시달리다가 저세상 가셨어.

싸우다 싸우다 결판이 안 나자 843년 왕국을 세 개로 나누기로 협상을 했지.

시험에 문제 나오면 '베르됭조약'이라고 써.

막내 카를 대머리왕은 서쪽.

대략 지금의 프랑스 땅이지.

큰아들 료타르는 중앙.

로트링겐과 이탈리아 북부.

둘째 루트비히는 라인강 동쪽.

어디겠어? 독일 땅이지.

하지만 그러고도 다툼을 끝내지 않았지.

왜 저렇게들 싸울까?

할아버지한테서 땅 욕심만 물려받았거든.

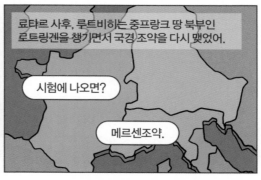

료타르 사후, 루트비히는 중프랑크 땅 북부인 로트링겐을 챙기면서 국경 조약을 다시 맺었어.

시험에 나오면?

메르센조약.

그때부터 비로소 서프랑크 지역과 동프랑크 지역의 역사가 따로 전개되는 거야.

프랑스 역사와 독일 역사구나.

빙고!

그 후로 프랑스와 독일은 로트링겐을 갖겠다고 두고두고 으르렁거렸어.

그런데 서프랑크와 동프랑크는 정치 문화적으로 사정이 좀 달랐어.

뭐가 달라?

서프랑크 지역은 로마 제국령이었던 곳이잖아?

맞다. 갈로 로만 문화권이었지.

그래, 갈리아 지역 문화와 로마 문명이 융합한 갈로 로만.

예로부터 로마식 제도와 습성이 잔재했던 곳이라

갈리아와 게르만과 로마 DNA 조금.

Gallo Roman

비교적 체계적인 단일왕국으로 이어질 수 있었지만,

머잖아 카페 왕조로 쭉 갔어.

땅도 험준하고 거기 오래 살았던, 투박한 민족성을 가진 동프랑크는

혹시 세련되고 효율적인 제도 아래 굽힐 수 있겠니?

시방 뭔 소리여?

좀처럼 하나의 세력으로 묶이기 어려웠어.

카를 대제 정도 인물 아니면 못 굽히지.

911년 카롤링거 왕조의 동프랑크 왕 루트비히 4세가 후사 없이 죽었을 때,

다음 왕조는 어느 가문?

왕조는 무슨?

잘난 가문이 한둘이냐?

어느 제후도 유력 가문 하나를 왕조로 세우길 거부했지.

이 분위기에 나서는 집안은 모두의 적이 되겠구나.

동프랑크 제후들이 선택한 방법이 뭐였는지 알아?

아이디어 떠올랐다!

가위바위보는 아니겠지?

그들은 투표로 왕을 세웠어.

획기적이네!

게르만족이 민주주의 한다고 신문에 나겠다!

그때 선거로 왕이 된 이는 프랑켄 공작 콘라트 1세.

한번 해보긴 하겠다만….

별다른 업적 없이 전쟁터에서 부상을 당하자,

실속 없이 몸만 상했네.

제후들은 919년 다시 선거를 실시했어.

선거 자꾸 하다가 맛들겠는걸?

그리고 작센공 하인리히가 당선됐지.

맛들이지 않게 해주마.

하인리히 1세는 호락호락한 인물이 아니었어.

제후들을 힘으로 지그시 눌러주고.

그는 가문이 대를 이어 왕이 되도록 하기 위해

작센 왕조, 폼 나잖아?

자기 아들이 강력한 권력을 갖도록 발판을 다졌는데,

우리 집안은 일단 민주주의 싫어한다.

옙!

애쓴 보람이 있었어.

이다음에 대제가 될 겁니다.

황제면 더 좋고!

188

과거 프랑크왕국 카롤링거 왕조의 카를이
대제라 불린 것처럼

작센 왕조에도 못지않은 인물 있다!

동프랑크, 독일 땅에 다시
대단한 군주가 등장한 거야.

나다!

그가 바로 오토 1세.

본격적인 독일 역사책의
첫 페이지를 장식하겠다!

오토 대제라고도 불린,

역사가 기록하는 첫 번째
'신성로마제국'의 황제야.

독일 역사에 왜 자꾸 로마야?

신성은 또 뭐고?

다음 화에…….

제15화

"역사 2"
신성로마제국

936년 제후들에 의해 동프랑크의 왕으로
선출된 오토 1세는

즉위할 때부터 카를 대제와 같은 위업을
달성하겠다는 야심을 가졌어.

독일 왕에 머무를 줄 아냐?

왕권을 공고히 다지는 과정에서

제후들은 내 말 들어라!

잘 안 들리는데?

자신의 통치에 반감을 품는
제후들을 제압하고

이제 들리냐?

아까부터 들었습니다!

유례없이 강력한 힘을 가진
동프랑크의 왕이 되었어.

다들 잘 들리지?

너무 잘 들려서
큰일입니다!

또한 동쪽에서 덤벼드는 마자르족을 격파하면서
제후들로부터 통솔력을 인정받아 대제로 불려.

마자르를 머저리로
만들어줬노라!

아재개그에도
능하십니다!

그쯤 되자 동프랑크 영주들뿐 아니라
로마의 교황도 그의 비범함을 알아봤지.

개그 수준이
남다른 자다!

당시 교황의 골칫거리는 교황령을 위협하던
주변 이탈리아의 세력가들이었는데,

교황한테 금싸라기
땅이 웬 말이냐?

신앙심도 유머감각도
없는 자들 같으니.

교황 요하네스 12세는 오토 1세에게
그들을 물리쳐달라고 요청했지.

옛날 카를 대제 같았으면
가만 있지 않으셨을 텐데….

191

오토 1세는 기꺼이 부름에 응해
교황의 막힌 속을 뻥 뚫어주고

나라고 가마니 쓸 줄 아나?

역시 개그 짱!

교황령을 확보해주는 한편 이탈리아도
자신의 영지에 포함시켰어.

이탈리아 왕도 겸하겠다!

너무 웃겨서
못 당하겠다.

교황은 감격에 겨운 나머지

교회를 수호한 공로와
높은 개그를 인정하여

예전 카를 대제가 받았던 것보다
더 근사한 칭호를 수여했어.

로마 황제에 명하노라.

이때가 962년,

웃겼다.

역사는 첫 번째 '신성로마제국' 황제가 등극한 해로 기록하지.

카를 대제는 서로마 황제
였는데 나는 로마 황제니,

내가 더 웃긴 거 맞지?

그럼 그 후로 선출되는
왕들은 다 황제였어?

응, 적어도 명목상으로는.

독일 땅의 왕이 되면
이탈리아 원정을 하고

웃기러 왔다!

교황에게 황제의 관을
받는 일이 관례가 됐지.

웃긴 공을 인정하여….

황제 타이틀은 오토 1세 후손들이 이어갔어?

그 후로 세 번 더 차지했어.

작센 왕조의 후사가 끊긴 다음에는

하인리히 2세에서 뚝!

잘리어 왕조로 넘어가 4대를 이어갔어.

이때는 교황과 싸우기도 했지.

그 후로 타이틀이 이리저리 옮겨 다니는 와중에

몇 대를 차지한 유력 가문도 있었고,

호엔슈타우펜 가문.

룩셈부르크 가문.

비텔스바흐 가문.

반짝 가문도 있었는데,

주플린부르크 가문.

벨프 가문.

강력한 황제 권력을 드높이려 동분서주했던 프리드리히 바르바로사라는 걸출한 왕도 나왔지.

힘을 보여주마!

오랜만에 웃긴 왕이다!

수염이 붉어서 바르바로사래.

그는 대대손손 이어지는 중앙집권왕국을 세우려고 했지만 그 꿈을 이루진 못했는데,

제후들 기가 너무 세다!

십자군 원정에 나선 길에 수영하다가 익사한 신묘한 전설로도 역사에 이름을 남겼어.

꼬르륵.

그래도 로마 황제 타이틀 앞에 '신성'은 붙였다.

신성로마 황제라는 칭호는 꾸준히 붙들고 갔나 보네?

그럭저럭.

누구를 왕으로 추대할지 합의하지 못해 공백이었던 기간도 있었어.

'대공위 시대'라고 해.

그다지 웃기지 않고 썰렁한 시절이었지.

그리고 막바지에는 그 유명한 합스부르크 가문에서 독식했지.

정략결혼 솜씨가 탁월했던 오스트리아의 왕가야.

아저씨! 질문 있어요!

나 교수님이다!

응, 교수 아저씨!

아까부터 계속 선거라고 하는데,

선거인단이 따로 있었어?

좋은 질문이다.

황제 선출권을 가진 제후들을 선제후라고 불렀어.

Kurfürst

선거권만 가졌던 게 아냐.

관세 징수권, 재판권 등 실속 있는 권한이 많았어.

제국 초기에는 선출된 왕을 교황이 황제로 임명하는 형식을 따랐지만

공로를 인정하여….

차츰 독일 내 제후들의 결정에 더 비중이 실리면서

선거권을 그냥 상속하자.

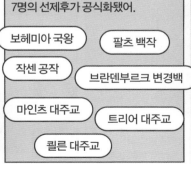

7명의 선제후가 공식화됐어.

보헤미아 국왕

팔츠 백작

작센 공작

브란덴부르크 변경백

마인츠 대주교

트리어 대주교

쾰른 대주교

1356년 카를 4세가 내린 금인칙서에 적힌 명단이었지.

가장 웃기는 자를 뽑는 웃기는 7인.

그럼 신성로마제국 땅이 어느 정도였어?

그것도 좋은 질문.

지금의 벨기에, 룩셈부르크, 스위스, 오스트리아와 폴란드 일부를 포함하는 독일 제후들의 영지와

작센, 튀링엔, 바이에른, 슈바벤 등 엄청 많았어.

오늘날 프랑스에 속하는 부르군트와 로트링겐.

부르군트는 오늘날 부르고뉴.

로트링겐은 알자스-로렌 지방

알자스-로렌이라면? 『마지막 수업』에 나오는 거기?

맞아, 알퐁스 도데의 소설.

그리고 랑고바르트 이탈리아.

교황령 주변이었지.

교황령

거기다 지배권이 보헤미아, 헝가리에 미친 때도 있었어.

Bohemia

Hungary

와! 엄청 크네?

프랑스, 잉글랜드 스페인을 뺀 서유럽 전체에 해당되네?

그렇지.

신성로마 황제 되면 기세등등했겠네?

그렇지만은 않았어.

왜?

제후들 눈치를 봐야 했으니까.

눈치를 왜 봐?

말발이 제대로 먹히는 곳은 자기 영지뿐이었으니까.

황제가 되어도 실질적으로 통치하는 곳은
자기 가문의 영지에 국한됐고,

내 말을 우습게 여기지
않는 데는 작센뿐이구나.

우스워도 참는 건데?

수많은 제후들이 자기 영지에서
각자 왕 노릇을 했거든.

나 황젠데, 거기 별일 없냐?

여기 일은 신경 끄쇼.

아저씨 말, 이해가
잘 안 되는데?

교수님 말씀….

그럼 이렇게 설명해볼게.

예를 들어 조선에 경기, 충청, 전라,
경상도 같은 지역들이 있었잖아?

있었겠지?

각 지역에 왕의 신하인
관찰사들이 있었고.

응.

그래도 왕이 나라
전체를 통치했지?

당연하지.

모든 사람들은 왕의
백성이었으니까.

응.

그런데 중세 유럽 독일은 지역의 땅, 물자,
돈의 임자가 다 따로 있었던 거야.

넌 내 신하인데도
나보다 많이 가졌네?

그래서 고깝소?

물론 군대도.

다음 주에 병력 5백 정도
데리고 나랑 어디 좀 갈래?

스케줄 봐서요.

196

그럼 황제와 영주는 무슨 관계였던 거야?

계약 관계.

계약? 무슨 계약?

충성 계약.

잠깐 봉건제에 대해 설명할게.

알아. 중세 유럽 사회의 위계질서 같은 거잖아?

오! 아네?

말만 알아.

교수님이 설명해줄까?

응.

자! 봉건영주와 봉건신하는 각자의 필요에 따라 계약을 맺어.

너, 나랑…

눈 맞아버렸네.

계약 당사자끼리는 서로 간에 의무가 생겨.

난 네게, 넌 내게.

시 쓰지 말고 계약서 써요.

영주는 신하를 보호할 의무.

내가 잘해줄게.

신하는 충성을 다할 의무.

잘 모실게요.

그리고 영주는 신하에게 관직과 권한을 주는데,

때론 땅도 받아.

신하는 다시 스스로 영주가 될 수도 있어.

어떻게?

계약서 쓰면 되지.

자기 아래에 다시 신하를 두는 식으로.

너, 나랑…

눈 맞았다 그럴라고?

197

그런 식으로 봉신관계를 맺는 세월이 길어지면

너, 나랑…

너, 나랑…

너, 나랑…

땅을 늘리고 신하를 거느린 영주들이 많이 생겨나겠지?

너, 나랑…

나, 뭐?

그들 중엔 애초의 영주보다 더 커버린 가문도 있을 테고.

너 많이 컸다?

누구더러 너래?

신성로마제국은 그런 식의 느슨한 제후국 연합체였던 거야.

잠깐?

봉건제라 하더라도 영국, 프랑스, 스페인은 그 정도는 아니었잖아?

오! 날카롭네!

맞아! 영국, 프랑스 같은 서유럽의 왕들은 영지를 자기 소유로 확실하게 챙겨서 세를 늘렸어.

어이! 너, 땅 내놔.

그래서 중앙집권적인 근대국가로 먼저 나아갈 수있었지.

짐이 곧 국가다!

짐이 누군데요?

하지만 독일의 제후들은 누구도 그런 장악력을 못 가졌던 거야.

다들 기가 세긴 셌구나.

오죽하면 힘깨나 썼다는 프리드리히 바르바로사조차도

독일 땅의 통일군주가 되겠다!

정말?

자기 가문의 가신이었던
영주 하인리히가 반항했을 때,

군사 데리고
이리로 와.

누구보고
오라 가라여?

버르장머리를 고쳐주고,

오라 그랬지,
가라고 했냐?

몰수한 땅은 자기가 갖지 못하고
다른 제후들에게 나눠줬을
정도니까.

혼자 드시게?

맛만 봤어.

말이 좋아 황제지, 옛날 로마의 케사르나
콘스탄티누스 같은 황제랑 달랐네?

달라도 많이 달랐지.

황제라는 타이틀도 제국이라는 명칭도
사실 그들에게 안 맞는 옷이었던 거지.

이제 좀 이해가 돼?

황제가 제후들 눈치를
봐야 했다는 게?

응, 돼.

그럼 황제로 선출되면 자기 영지를
돌보는 것 말고 하는 일이 뭐였어?

뭐, 교황령이 있는 이탈리아
문제에 관여하기는 했지.

신성로마 황제라는 칭호가
교황으로부터 비롯된 거니까.

나 사는 데는 좀 지켜줘야지!

이탈리아 지역의 복잡한 사정은 다음에
기회 있으면 그 역사에서 따로 다루도록 해.

복잡하고 다사다난하기로는
독일보다 더 하면 더 했지….

따져보면 역대 신성로마 황제들 중
유난히 공명심을 앞세우는 이들이 있었어.

내가 누구여? 로마 황제여!

그 부류는 주로 큰 세계의
지도자라는 명예에 취해서

온 유럽이 믿는 크리스트교의
신성한 수호자다 그 말이여!

가톨릭교회의 본거지인
이탈리아 지역에 골몰하고

황제 어디 갔어?

어디겠어?

정작 자기 영지와 독일 땅
동향에 소홀하는 바람에

황제 없는 동안
내 실속 챙기자.

나도!

다른 제후들 세력만 키워줬지.

황제 괜히 했네?

한편 황제가 되고도 제국 일엔
무관심했던 부류도 있었어.

명예는 명예고.

어떤 이들은 자기 영지에만
머물면서

먼 데 다닐 여력 없어.

제국 일에는 코빼기도 안 비쳤지.

황제는 왜 했냐?

시켜줘서 했다.

그 사람들은 실속파였어?
자기 코가 석자였던 거야?

둘 다겠지?

참 재미있는
제국이었네?

그렇지?

　세계사에는 다른 이름과 다른 요소로 이루어진 세 개의 로마제국이 존재했습니다. 셋 모두 고대 로마의 위대했던 이름을 계승하거나 차용한 것들입니다.

　로마 하면 누구나 제일 먼저 떠올리는 이름, 율리우스 케사르가 공화정을 거부하고 제국의 황제로 군림하려다가 암살된 후, 태세 전환에 능하고 정세 분석에 탁월했던 옥타비아누스가 명실상부한 초대 황제로 등극해서 스스로를 가장 존엄한 자, 아우구스투스라 칭했습니다.

　그로부터 시작된 로마제국은 우여곡절을 겪으며 지속되다가 콘스탄티누스 1세 때에 이르러 다시 한 번 큰 변화를 겪습니다. 대제 콘스탄티누스는 그 전까지 박해받아오던 크리스트교를 합법적인 신앙으로 공인한 황제로 유명합니다. 그리고 330년경 제국의 수도를 오늘날 이스탄불인 비잔티움으로 옮기고 자신의 이름을 따서 콘스탄티노플이라고 부릅니다.

　379년에 황제가 된 테오도시우스 1세도 업적을 남겼습니다. 테오도시우스는 크리스트교를 제국의 공식 종교로 지정했습니다. 로마라는 용어가 이후 중세 유럽 사회로 이어지는 동안 '로마의 대주교'가 '교황'이 되어 서양 세계에서 막강한 권위를 세우게 된 원년이 이때라고 봐도 무방할 겁니다. 그리고 비대해진 영토를 원활하게 통치하기 어렵다고 판단한 황제는 제국을 동과 서로 분할해서 자신의 아들들로 하여금 분할 통치하도록 합니다.

　자! 이때부터 한동안 서로마제국과 동로마제국이 공존하게 됩니다. 서로마와 동로마는 비슷한 듯 다른 제국이었습니다. 서로마제국은 대체로 고대 로마의 전통적인 영지를 계승한 라틴족의 제국이었으며 로마 대주교를 수장으로 삼는 크리스트교를 통상 로마 가톨릭이라고 부릅니다. 반면 비잔틴 제국이라고 불린 동로마제국은 서로마에 비해 동방의 요소가 강한 그리스인들의 제국이었으며 크리스트교도 오늘날 러시아와 동유럽, 발칸 지역 등에 고루 퍼진 그리스정교였습니다.

　먼저 망해서 사라진 제국은 서로마제국이었습니다. 교과서에서 게르만 용병 오도아

서로마, 동로마,
그리고 신성로마

케르에 의해 마지막 황제가 관을 내려놓았다고 배웁니다. 그럼 여기서 제국을 멸망시키고 로마를 접수한 게르만족은 왜 그 자리에서 그대로 로마의 통치권자가 되지 않았을까 하는 의문이 생깁니다. 고트족, 반달족, 프랑크족 등 여러 게르만 부족들은 지금의 스페인, 프랑스, 독일 등지로 흩어져 나름의 세력을 형성했고 서로마의 본령이었던 이탈리아 지역을 거점으로 삼지 않았으니까 말입니다.

그 이유는 문화적 감성의 수준 차이 때문이었습니다. 서로마가 갑자기 멸망하면서 유럽 땅의 새로운 임자가 된 게르만족은 망하긴 했어도 발달한 문명을 지녔던 로마의 도시 인프라에 익숙하지 않은 야만 상태였습니다. 수준 높은 극장과 상하수도 시설 등도 게르만족에겐 다루고 관리하기 까다로운 수준의 것들이었습니다. 문명의 이기라고 하지만 쓸 줄을 알아야 이로운 것이고 안목이 있어야 좋은 줄 아는 것이잖습니까?

어쨌든 자신들 처지에 걸맞게 로마보다 덜 세련되고 낙후된 유럽의 본토에서 출발한 프랑크왕국은 차츰 성장을 거듭해 로마 대주교가 있는 이탈리아 지역까지 아우르는 세력을 만들었고 세속군주인 게르만 왕과 종교 지도자인 교황이 손을 잡아 과거 서로마제국이었던 곳에 다시 새 로마제국이 탄생합니다.

바로 게르만족의 신성로마제국입니다.

그 무렵 비잔틴의 로마 황제는 서쪽에 또 다른 로마 황제가 등극했다는 소식을 듣고 적잖이 당황했을 겁니다. 그렇게 동로마 황제와 신성로마 황제가 공존하고 로마 교황까지 득세하는 상황은 꽤 오래갔습니다. 서로 자존심 세우고 견제하며 다투기도 했지만 '십자군 원정'이라는 캠페인에는 같이 동참하기도 했습니다. 물론 그 와중에도 각자의 이해관계에 따라 피아를 혼동하기도 하고 이합집산을 거듭하기도 했지만요.

동로마제국의 거점이었던 콘스탄티노플은 1453년 오스만제국에 의해 함락되어 그 후로 터키의 땅이 되었습니다. 게르만족의 신성로마제국은 1806년 나폴레옹 군대에 무릎 꿇고 해체되었습니다.

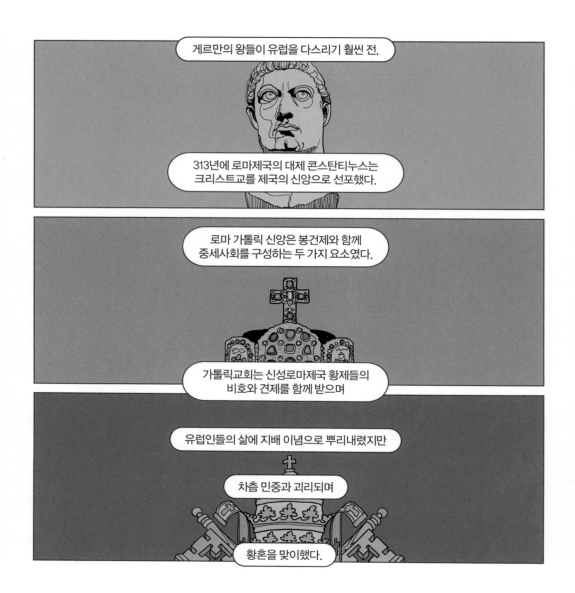

제16화

"새로운 정신"
근대의 여명

이제 슬슬 베를린을 벗어나볼까?

어디부터 가야 할까요?

아무래도 이야기의 순서를
따라가는 게 좋겠지?

근대로 향하는
시간의 흐름을 따라.

그렇다면….

가쟈! 비텐베르크로.

일단 마인츠로 가죠.

역시 아이제나흐!

제가 또 어제 역사 강의 좀 하지 않았겠습니까?

어디서 무슨 강의를 해?

설록이팀 애들이 제 명강을 어찌나 듣고 싶어 하는지….

추켜세워주니까 신나서 떠들었구먼.

암튼 진도는 어디까지 나갔냐?

신성로마제국 중세까지 훑었죠.

봉건제와 선제후 설명도 하고요.

그 정도는 그들도 다 아는 얘기 아냐?

11살짜리 꼬마가 있었거든요.

꼬마?

애를 데려왔다고?

예, 장미재단 영재라더라고요.

아! 장요한!

아십니까?

응, 걔 바이올린 천재야.

얼마나 천잽니데요?

음대 민학장 말로는,

이작 펄만 이후로 그런 신동은 처음 봤다더군.

Itzhak Perlman

이작 펄만은 누굽니까?

바이올린 천재.

걔는 얼마나 천잽니까?

너보다 한참 어른이시다.

45년생

206

어쨌든 저 이번에 강의하면서 제 생각을 더 굳히게 되었습니다.

뭔 생각?

오늘날 독일의 다양성과 지역 발전에 관한 생각이요.

뭔 소리야?

학장님은 독일의 중세, 근대 역사를 어떻게 생각하세요?

안타깝게 생각하지.

수많은 제후국들로 잘게 나뉘어서 하나로 뭉치지 못하는 바람에

많을 때는 100개도 넘었다.

프랑스나 영국, 스페인에 비해 중앙집권화가 늦게 이뤄졌고,

죄다 왕 노릇이야.

딴 나라들 한창 잘나갈 때 열강 대열에도 끼지 못했고,

남들은 대서양 넘어

아메리카도 찜하고

아프리카도 찜하는데….

그런 탓에 근대화도 더뎠고.

그러실 줄 알았습니다.

전 오히려 그런 면이 독일을 지금처럼 건강하게 만든 약이었다고 생각합니다.

독이 아니라 약?

이쯤 되면 척하고 바로 알아들으셔야 하는데?

뭘 척하고?

참 답답하시네?

뭐시여?

힌트 드리겠습니다.

진짜 부강한 나라는 모두가 골고루 잘 사는 나라입니다.

부가 한쪽에 쏠리지 않아야 하는 것처럼

정치 경제 문화가 한 지역에 편중되지 않아야 하죠.

그런데 그게 어디 쉽습니까?

지역 분권이나 균형 발전이라는 게 하루아침에 이뤄지는 게 아니죠?

오! 이제 알겠다!

감 잡으셨어요?

그러니까 많은 제후국들로 난립하며 하나의 나라로 합치지 못하는 바람에

일찌감치 힘을 한데 모아 강대국이 된 프랑스, 영국 같은 나라들이

세계를 누비며 식민지 다툼을 벌일 때는 약소국의 서러움을 겪어야 했지만,

우리 몫은 남아나지 않겠네?

오랫동안 독립된 나라들로 나뉘어서 쌓은 정치 문화 환경이

함부르크 방식으로.

바이에른 식으로.

튀링엔 스타일로.

등등.

이제 와서 보니 지역이 골고루 자립하는 연방 체제의 밑거름이 되었다?

바로 그렇습니다!

어이! 신수길.

예?

사랑한다.

그럼 우리 마인츠에는 왜 가는 건가?

그건 또 다른 의미인데,

중세의 황혼을 찬란하게 빛낸 물건이 탄생한 곳이거든요.

오오! 감이 온다. 감이 와.

구텐베르크!

빙고!

요한아, 너 '근대'라는 말을 들으면 어떤 느낌이 들어?

뭔가 발전적이고 희망찬 느낌?

그렇지? 긍정적인 느낌이지?

응.

그런데 독일 땅에 살았던 사람들은 근대로 넘어갈 때 쓰디쓴 경험을 했어.

······?

어쩌면 그 쓴 약을 견뎌내고 추스른 결과가 오늘날 독일의 건강한 모습일지도 몰라.

······?

어때? 무슨 말인지 알겠지?

완전 모르겠는데?

애한테 뭔 말을 하려면 눈높이부터 맞춰라.

응?

일단 무슨 일을 겪었는지, 왜 그런 일을 겪게 됐는지,

설명을 해야 할 거 아냐?

아! 그래! 눈높이!

먼저 중세 유럽에서 가톨릭교회가
권력과 어떤 관계를 맺었는지,

…….

교황과 성직자들의 권위가
어땠는지부터 설명할게.

으응….

18세기 계몽주의 사상가 볼테르가
신성로마제국을 두고 한 말이 있단다.

눈높이 맞춘다면서
볼테르라니….

"결코 신성하지도 않고,
로마도 아니고, 제국도 아니다."

지식인 특유의 촌철살인이었지만 그 말은
신성로마제국의 속사정을 그대로 담고 있어.

……?

제국은 일단 신성하거나
거룩하지만은 않았거든.

……!

카를 대제나 오토 1세는 성스러운 베드로의
후계자인 교황들과 손을 잡았지만

가톨릭교회의 수호자여!

그럼 주교, 수도원장
내가 임명 좀 할게.

이후로 선출된 황제들은 툭하면 교황과
성직자 서임권을 놓고 분쟁을 일으켰어.

친인척 채용하려고?

싫으면 로마에서 짐 빼던가?

211

가장 심각했던 사건은 하인리히 4세와
교황 그레고리우스 7세의 격돌이었지.

한 성질 하는 황제

VS

한가닥 하는 교황

교회에 대한 황제의 간섭에 맞서는
분위기가 성직자들 사이에 생기면서

세속권력의 손에
성직을 맡겨서야!

쇄신을 단행한 교황 그레고리우스 7세가
황제의 서임권을 회수하려고 하자,

분위기 파악하고
이제 손 떼시오!

황제는 열받았지.

내 손을 모욕해?

단순하게 생각하면 무력을 지닌 황제에게
교회 지도자가 상대가 되려나 싶지만,

교황도 갈아치우지 뭐.

교황은 함부로 대할 존재가 아니었어.

그리 나온다면 황제의
자격을 박탈하겠다!

뭐?

크리스트교가 지배 이념이었던
중세 유럽 세계에서

저자를 파문한다!

교회의 수장인 교황의
말 한마디는

파문?

헉!

파문?

창칼로 무장한 군대보다
위력적일 수 있었거든.

분위기 왜 이래?

…….

크리스트교 사회로부터의 추방을 뜻하는
파문 선언은 무시무시한 조치였어.

최악의 저주.

쉽게 말해 현세에서 맘 편히 살 생각도 말고
죽으면 지옥불에 떨어질 걸 각오하란 뜻이었지.

ㅇㅇㅇ….

황제가 그런 처지에 놓이자 자신의 권력 기반인
제후들의 시선도 싸늘해진 거야.

멀리하자.

이참에 등 돌릴까?

하인리히 4세는 기가 막힐 노릇이었지만
사과하는 수 밖에 없었어.

내가 잘못했소.

말로만?

황제는 교황이 있는 곳으로 직접 찾아가

요즘 교황 어디 있다던?

카노사 성에 계신답니다.

교황이 문전박대하는 성문 앞에서
맨발로 3일 동안 참회했어.

언제 만나준다던?

표정 관리하는 데 3일은
걸리실 거랍니다.

교회의 권위에 세속권력이 속절없이
무릎 꿇었던 그 사건을 두고

잘 좀 해.

세상이 바뀌면
두고 보자.

'카노사의 굴욕'이라고 해.

나중에 하인리히 4세가 복수했잖아?

그러긴 했지.

하지만 당시 교황의 힘이 얼마나 셌는지 보여주는 일화인 거지.

하긴….

그 정도로 막강했던 가톨릭 교회는 어떤 길을 걸었을까?

말처럼 신성하고 거룩한 길?

결코 아니었지.

힘이 고이면 부패하는 법.

그들은 스스로의 힘을 과신하고 세속권력보다 더 타락해갔어.

어떻게 타락했는데? 그 얘기 해줘.

지금 그 이야기의 현장을 찾아가고 있는 거야.

그래?

황제마저 무릎 꿇게 했던 거대한 힘에 맞서 단신으로 저항했던,

그래서 세상을 뒤바꾼,

한 사람의 행적을 찾아서.

설록이네는 비텐베르크로 향하고 있어.

루터의 도시라고 불리는 곳이지.

이야기의 흐름을 생각하면 거기가 맞겠네요.

근데 우린 왜 '아이제나흐'에요?

가보면 알아.

그리 신성하지 않았던 신성로마제국,

그 중세의 황혼을 불살랐던,

인간의 집념을 간직한 성이

그곳에 있어.

　샤를마뉴 대제와 오토 대제가 교황으로부터 로마제국의 황제 인증을 받은 후, 독일 땅에서 추대되는 왕들과 교황 간의 밀월 관계는 좋은 편이었습니다. 세속군주는 유럽 사회의 정신적 지주와도 같았던 교황의 권위에 기대어 황제 노릇을 하고, 교황은 무력을 가진 세속군주의 보호 아래 자신의 안위와 교회에 대한 통제력을 보장받을 수 있었기 때문입니다.

　그러나 아무리 좋은 사이라도 상호 이해관계로 만들어진 친분은 영원할 수는 없는 법. 각자가 누리던 권한의 경계가 모호해지고 더 많은 걸 탐내기 시작하면서 관계는 급속히 나빠졌습니다. 대표적으로 이해가 상충되는 권한은 성직자의 서임권에 관한 것이었습니다. 주교나 대주교 같은 중요한 성직에 누구를 앉히느냐를 두고 딴 생각들을 한 것이죠.

　교황은 신의 대리인을 자처하는 자신만이 종교 지도자를 세울 권한이 있으니 세속군주는 그 일에서 손을 떼라고 주장했고, 황제는 주교나 대주교가 다스리는 영지 또한 자신의 관할 영역에 속하니만큼 당연히 임명권을 행사할 수 있다고 맞섰습니다. 한마디로 인사권 다툼이었던 겁니다.

　교황 그레고리우스 7세와 신성로마제국 황제 하인리히 4세. 둘은 자존심이 강하고 타협을 모르는 위인들이었습니다. 그들이 벌인 유명한 대결로, 역사책에 '카노사의 굴욕'이라고 기록된 사건의 전말은 이러합니다.

1. 교회 개혁을 강력하게 추진하던 그레고리우스 7세가 황제에게 성직자 임명을 중단할 것을 요구했을 때, 하인리히 4세는 보란 듯이 자신이 점찍은 자를 대주교의 자리에 앉혀버렸습니다.
2. 그레고리우스 7세는 배수진을 치고 황제를 폐위하겠다고 으름장을 놓았습니다. 예전 프랑크 왕들에게 로마 황제의 관을 씌워준 이가 다름 아닌 교황이었으니 이제 말 안 듣는 자의 권위를 거두겠다는 거였죠.

세속군주와 교황의 다툼, 카노사의 굴욕

3. 하인리히 4세 또한 물러서지 않고 종교회의를 소집해 교황의 권한을 박탈한다고 선포했습니다. 이탈리아 지역에서 교황 노릇하고 있는 것이 누구 덕이냐는 거였겠죠?

4. 이제 그레고리우스 7세는 이전의 교황들이 한 번도 쓴 적이 없는 마지막 카드를 꺼내들었습니다. 황제를 파문한다고 선언한 것이죠.

5. 파문 선언은 독일 땅 제후들의 귀와 머리, 가슴에 꽂혔고, 언제 주변 제후들에 의해 내침을 당할지 알 수 없는 처지에 놓이게 된 하인리히는 끓어 오르는 분노를 참으며 교황에게 자비를 구했습니다.

6. 호락호락하지 않았던 교황은 내친 김에 더 콧대를 높이며 하인리히의 버르장머리를 고치겠다는 심산으로 그의 호소를 외면했습니다.

7. 하인리히는 결국 직접 만나 용서를 구하겠다고 추운 겨울날 교황이 머물고 있던 카노사 성으로 향했지만 아무 답도 없었습니다.

8. 며칠 밤낮이 흐른 다음 교황은 아량을 베풀 듯이 파문 선언을 철회했죠.

자! 그럼 사건은 황제가 교황에게 머리 숙인 걸로 종결되었을까요? 그 일이 드라마라고 한다면 다음 이야기가 더 흥미진진합니다.

하인리히는 황제의 자격을 다시 회복한 후 곧바로 주변 정리에 나섭니다. 교황과 대립했을 때 자신에게 등을 돌리고 다른 황제를 추대하겠다고 부화뇌동했던 제후들을 공격해서 기세를 꺾었죠. 그리고 정세가 자기에게 유리한 상황으로 안정이 되자마자 교황에게 본격적으로 칼을 겨누었습니다. 다시 시작된 대결에서 교황은 또 파문 카드를 꺼냈지만 이번엔 전혀 먹혀들지 않았습니다.

하인리히 4세는 교황의 거처인 이탈리아로 파죽지세로 밀고 들어가 그레고리우스 7세를 내쫓고 자기 사람을 그 자리에 앉혔습니다. 그레고리우스는 그 후로 다시는 로마 교황령에 돌아오지 못하고 유배지에서 쓸쓸히 생을 마감했습니다.

유럽사에서 중세가 저물고
르네상스가 만개하는 와중에

로마 가톨릭교회에는 부패와
사치가 만연하고 있었는데,

그 타락상을 극명하게 드러낸
상징이 면죄부였다.

면죄부는 죄 지은 사람의 벌을
면해주는 일종의 사면증서로,

사면의 권한은 가톨릭교회의
수장인 교황이 가졌는데,

부패한 교황의 대리인들은
도처에서 면죄부를 팔아댔다.

1517년 비텐베르크 대학의 교수였던
마르틴 루터는 그 모습을 보며 치를 떨었다.

제17화

"마르틴 루터"
종교개혁의 포문

바로 여기야.

루터가 95개조 반박문 대자보를 붙였던 곳.

근데 너무 소박한 것 같지 않아? 모르고 왔으면 찾지도 못했겠다.

그러게? 종교개혁의 발상지라고 뻑적지근하게 해놨을 줄 알았는데?

아무튼 저기 새겨놓은 게 당시 내걸었던 95개의 테제로군.

그게 뭔데?

이 대목에서 요한이한테 설명을 좀 해줘야겠네?

그러려면 먼저 당시 가톨릭교회 지도층의 실상을 알아야 하는데….

간단히 말해 15세기 무렵 교황청의 부패는 도를 넘어도 한참 넘었어.

우욱! 썩는 냄새!

구제는 뒷전이고 수익사업에만
열을 올리는가 하면

돈 벌어야지.

공공연히 성직 매매를
일삼았으며,

많이 벌어야지.

알렉산데르 6세 같은 자는
여러 부인과 첩을 둘 정도로
부끄러움을 모르는 자였어.

교황이 부끄럼 타면 쓰나?

교황들이 왜 그렇게
돈 버는 데 혈안이었대?

왜겠어?

돈 쓸 일이 많았으니까.

귀족들과 어울리며
허세 부리고,

유럽 전역의 휘하
사제들을 관리하고,

궁에 살면서
하인들 부리고,

값비싼 예술품으로
교회 치장하고,

사치했구나?

그렇지.

16세기 초에 교황이 된 레오 10세도
그 습성을 고스란히 이어받았어.

나, *메디치 가문 출신이야.

220

*메디치 가문 르네상스 시대 막대한 부로 영향력을 발휘하며
피렌체를 실질적으로 통치했던 가문.

레오 10세는 웅장하고 화려한 성 베드로 성당을 짓는 데 많은 돈이 필요했는데,

교황 체면에 절약할 수도 없고.

그런 교황의 고민을 해결해줄 시나리오를 들고 나타난 자가 있었어.

저 왔습니다!

오! 알브레히트!

그는 마침 공석이 된 마인츠 대주교가 되도록 자신을 밀어달라고 교황을 설득했지.

밀어주시면 채워드리겠습니다.

마인츠 대주교는 신성로마 황제 선거권을 가진 막강한 영주의 자리였어.

되기만 하면 교황도 안 부럽지.

알브레히트는 이미 딴 곳의 대주교라 후보가 될 수 없었지만

이러면 안 되는데….

그래서? 스톱?

교황은 그의 제안을 거절하지 않았어.

고!

왜?

시나리오가 탐났거든.

시나리오는 이래.

프레젠테이션 시작합니다!

알브레히트는 금융재벌 푸거가로부터 거금을 빌린다.

Die Fugger

돈 중의 돈은 은행 돈!

그 돈을 교황에게 찔러주고 대주교 자리를 꿰찬다.

1단계 완료!

교황은 마인츠 대주교에게
면죄부 판매 대행권을 준다.

재! 이걸로.

면죄부를 남발한다.

돈 벌어서.

판매 수익의 반은 교황에게 주고,
반은 푸거은행에 상환한다.

윈윈! 윈!

정말 머리 잘 굴렸네.

기가 막힌 거래였지.

루터는 그런 교황청의 부도덕한 행실을
더는 볼 수 없어서 행동에 나선 거야.

땅! 땅!
따!

면죄부 판매의 무지를
조목조목 비판하고

길게도 썼네?

과도하게 부여된 교황의
권한를 지적하면서

뭐라고 쓴 거?

교황이 틀려먹었대.

변질된 신앙의 근본을 바로
세워야 한다고 주장했어.

다 아는 얘기를 글로 쓴 거네.

교황 열 받았겠다.

받았지.

그래도 처음엔 지식인의
공명심 정도로 여기고

나대기 좋아하는 자로군.

경고 수준에서 끝내려고 했는데,

이제 그마안~

루터는 한 발자국도 물러서지 않고 오히려 더 대들었어.

당신들 하는 짓 그만두라고 썼는데 나더러 뭘 그마안~?

게다가 지역 주민과 학생들도 루터에게 열광했지.

나대는 타입 딱 좋아!

와! 루터지지!

♡Luther

그러자 사태를 파악한 교황 측도 맘을 달리 먹게 됐어.

가만 계시면 안 됩니다!

그럼 어떡해?

같이 나대셔야죠.

교황은 파문 카드를 꺼내 들었고,

너! 지옥 가라!

루터는 그걸 또 무시하고,

니가 가라!

양측이 치열한 공방을 주고받을 때,

누가 갈까?

중재하겠다고 나선 이가 신성로마 황제 카를 5세였어.

나대기로는 내가 유럽에서 1등이여.

223

카를 5세는 역사상 가장 많은 왕관을 머리에 썼던 군주였어.

외가로부터 받은 스페인 국왕,

아라곤과 카스티야를 합쳐서.

CASTILE   ARAGON

그에 따른 네덜란드 통치권과 아메리카 식민지,

필리핀도.

친가인 합스부르크 가문의 오스트리아 영지,

Bohemia   Austria   Hungary

독일 지역과 이탈리아를 관할하는 신성로마 황제 등

HOLY ROMAN EMPIRE

실로 해가 지지 않는 영토를 거머쥔 군주였어.

잠은 언제 자지?

그가 꿈꾼 것은 정치 문화적으로 통일된 유럽제국이었지.

그러자면 유럽의 종교는 분열되어선 안 되는 거야.

그가 원한 건 가톨릭교회를 중심으로 한 통합이었어.

1521년 황제는 루터에게 보름스에서 열린 제국회의에 참석하라고 명령했어.

와서 나대봐.

황제는 신변 안전을 보장했지만 루터는 위험부담을 가져야 했어.

해코지 안 할 거다.

그래놓고 화형시키려고?

왜냐하면 100년 전 보헤미아의
얀 후스라는 종교개혁가가

나대다가

Jan Hus

안전을 보장한 회의에서
교황의 교리에 맞섰다가

나대다가…

그 자리에서 이단 판정을 받고
화형당한 사례가 있었거든.

……

모두가 만류했음에도
루터는 보름스로 향했고,

일단 가서!

황제 앞에서 당당하게
자기 소신을 피력했고,

나댔더니?

황제는 언짢았지만 루터를
돌려보냈어.

집에 가래.

그런데 루터는 돌아오던 중에 납치를 당했어.

흐읍!

납치? 누구한테?

그게 좀 묘해.

루터의 지지자가 그를
숨기려고 꾸민 계획이었거든.

누군데?

작센의 현명한 영주,
프리드리히 3세.

225

저 위야.

바르트부르크 성.

마르틴 루터가 1년 가까이 숨어 지낸 곳.

스스로 숨은 건 아니고 납치돼서 온 거잖아요?

어쨌든!

그런데 작센의 선제후는 왜 루터를 숨겨줬어요?

루터의 팬이었거든.

작센의 현명한 영주 프리드리히는 교황의 처사에 불만을 가져왔어.

영 못마땅해.

그래서 자기 영지에서 면죄부 판매를 금지했고.

하는 짓도 구려.

낡고 부패한 가톨릭교회에 맞선 루터를 지지했지.

스마트하잖아?

루터는 은둔 기간에도 로마 가톨릭의 폐단을 비판하고 개혁을 주장하는 글을 계속 썼어.

뭐하슈?

항의(protest)해.

그리고 무엇보다 라틴어와 그리스어 성경을 쉬운 독일말로 번역하는 일에 매달렸어.

누구나 성경을 읽을 수 있어야 돼!

그렇게 루터의 사상을 담은 글들과
독일어 성경은 세상에 널리 퍼졌고,

뭐라고 썼어?

교황한테 기죽지 말래.

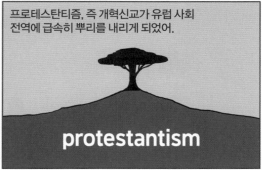

프로테스탄티즘, 즉 개혁신교가 유럽 사회
전역에 급속히 뿌리를 내리게 되었어.

protestantism

자! 그럼 이 대목에서,

루터의 개혁신앙 사상은 어떻게
그렇게 빨리 전파될 수 있었을까?

그거야 인쇄술 덕분이었죠.

정답!

이전 세기에 구텐베르크가 만든
인쇄술로 출판업이 성행했고,

책 한 권 필사하는데
몇 달이 걸리던 걸

일주일에 수백 권씩 찍어
보급할 수 있게 되었으니까.

혁신적인 사상과 혁신적인 미디어의

환상적인 결합이었던 거죠.

마인츠!

수세기 동안 지식 전달 매체의 표준이었으며,

근대 인간 지성의 바탕 체계였던

활자 미디어가 태어난 곳입니다.

활판 인쇄술을 발명한 구텐베르크의 고향이자,

그가 처음 인쇄소를 개업한 곳이기도 하죠.

그리고 종교개혁과도 깊은 관련이 있습니다.

당연히 있겠지.

인쇄술이 종교개혁 사상가들의 저작에 날개를 달아줬으니까.

루터의 95개 테제만 하더라도 단 두 달 만에 유럽 전역에 퍼졌다더라.

그럼 이것도 아십니까?

뭘?

구텐베르크의 인쇄소가 초기에 돈벌이로
취급한 품목이 면죄부였다는 사실이요.

그래?

교황청이 남발한 면죄부도
인쇄 기술로 찍어냈던 거죠.

흠… 역사의 아이러니군.

어쨌든 루터가 포문을 연 종교개혁은
유럽 사회에 커다란 파장을 일으켰고,

그다음 뭐로 이어졌느냐?

끔찍한 전쟁입니다.

독일 지역을 쑥대밭으로 만든 길고 긴 전쟁….

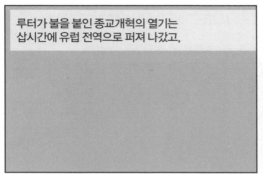

루터가 불을 붙인 종교개혁의 열기는
삽시간에 유럽 전역으로 퍼져 나갔고,

로마 가톨릭은 프로테스탄티즘이라는
신흥 종교 세력과의 일전을 피할 수 없게 되었다.

이른바 신구교 간 대립과
반목이 시작된 것이다.

잉글랜드 국왕은 국교회를
설립하며 교황청과 결별했고,

프랑스에서는 칼뱅파 신교인
위그노가 성장하고 있었고,

네덜란드와 북유럽에도
신교 세력이 자리를 잡았다.

종교개혁이 태동한 독일 지역은
더 말할 것도 없었다.

그나마 교황권이 유지된 곳은
스페인과 이탈리아 정도였다.

<u>제18화</u>

"30년 전쟁"
이념 다툼에서 영토 분쟁으로

종교의 타락을 가늠하는
척도가 뭐라고 생각해?

음… 지나친 세속화?

권력과의 결탁 여부?

교주를 신격화하고
혹세무민하는 교리?

노, 노!

그 모든 걸 아우르는
한 가지 잣대가 있어.

뭔데요?

얼마나 많은 돈을 모았는가?

워, 워…. 위험한 발언인걸?

뭐가?

요즘 한국의 큰 교회들과
부자 사찰들이 떠올라서요.

내 말이 그 말이야.

현세의 탐욕을 추구한다면
종교는 기업과 다를 바 없어.

세속적 성취가 신앙의 승리라고
자가당착에 빠질 때 타락하는 거야.

역사적인 사례들을 살펴봐도 어떤 종교든
재물을 탐했을 때 곧바로 타락으로 이어졌고,

그 타락의 정도는 축재한
재물의 양과 비례했어.

그런 면에서 오늘날 개신교는 다시금
종교개혁의 의미를 성찰해야 할 거야.

과거 로마 가톨릭을
반면교사로 삼았는지,

아니면 전철을 밟으며
롤 모델로 삼고 있는지.

어쨌든!

종교개혁 이전에 교황이 소유했던
재산이 어느 정도였는지 알아?

많았겠죠?

절정기에는 유럽의 모든 군주들
재산을 다 합한 것보다 많았다고 해.

뜨악!

자! 그럼 여기서 문제!

당시 많은 제후들이 종교개혁을 지지하고 신교 측에 가담했거든.

그 이유가 뭘까?

신앙적 양심?

물론 그 이유도 없진 않았겠지? 하지만 그보다 더 실리적인 측면을 생각해봐.

음…….

설마 교황이 가졌던 재산?

빙고!

제후들은 교황청과 결별함과 동시에 영지 내 교회의 토지와 재산을 몰수했어.

내놔!

신앙심도 없수?

것도 내놔!

종교적 자치권과 재산권을 함께 챙길 수 있었던 거야.

꿩 먹고 알 먹고.

그렇게 입지를 다진 신교 측 제후들끼리 모여서 동맹을 결성했고,

붙어, 붙어.

기성 권력과 재산을 지키려는 교황 측과 지난한 싸움을 이어갔지.

투닥! 투닥!

그래서 누가 이겼어요?

뚜렷한 승패가 나진 않았어.

양측은 1555년 황제 카를 5세가 소집한
아우크스부르크 회의에서 잠정 합의를 봤지.

나 내일 모레 환갑이다.
이제 좀 조용히 살자.

'각 영지의 종교에 관해서는
해당 지역 영주가 결정권을 갖는다'로.

이의 있습니다!

시끄러! 조용히
살자고 했지?

그럼 평민들은 영주가 정한
종교를 무조건 믿는 거예요?

믿기 싫으면 이사
가는 건 자유였어.

교황 측으로선
손해 본 셈이네?

아무래도.

약 천 년 간 누렸던 기득권의
상당 부분을 잃어버렸으니까.

그래서 분쟁의 불씨는
여전히 남았던 거야.

언제 어디서 "빵!" 하고
터질지 모르는 화약처럼.

……. …….

빵!

깜짝!

결국 보헤미아에서 터졌죠.

뭐가 터져?

아우크스부르크 회의에서
꿰맸던 불완전한 봉합이요.

난 또 무슨….

프라하 투척 사건
말하는 거냐?

예.

희한한 전쟁의 신호탄이었죠.

1618년 보헤미아의 신교 측 귀족들이 국왕의
행정관들을 창문 밖으로 던져버린 사건입니다.

난데없이 밀어버리니?

철퍼덕!

그 얘기를 하려면 당시 신구교의
세력구도를 알아야 하지 않느냐?

그럼 잠깐 설명하겠습니다.

종교개혁이 진행되던 때, 신성로마 황제 타이틀을 쥐고 있던 합스부르크 가문은 교황 편을 들었습니다.

신성로마 황제이면서 스페인 국왕이었던 카를 5세가 독실한 가톨릭 신자였거든요.

로마 황제니까 로마 교황 편 들어야지.

그 후로도 합스부르크가와 친족 관계였던 스페인은 줄곧 교황 편에 섰습니다.

우린 가톨릭이랑 궁합이 맞아.

그 와중에 프랑스는 어땠냐고요?

우리가 어땠는지는 우리도 헷갈린다!

안에서는 신교와 구교가 우열을 다투는 가운데,

ROMAN CATHOLIC

PROTESTANT

구교 우세인 듯, 신교 열심인 듯.

왕가는 구교를 채택하면서도 밖으로는 신교를 지지했어요.

왜?

프랑스 왕이 합스부르크가와 앙숙이었거든요.

쟤들 뒤통수치려고.

흥!

종교개혁의 발원지답게 독일 지역의 제후들은 대부분 프로테스탄트가 되었는데,

따져보면 교황보다 루터.

*예수회가 주도한 반종교개혁운동에 힘입어 남부 독일은 가톨릭으로 남았습니다.

교황님은 늘 내 맘속에.

*예수회 스페인 출신 사제 로욜라가 창설한 가톨릭 포교 조직으로 교황을 향한 충성을 다짐하며 반종교개혁운동을 이끌었다.

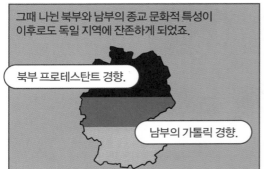

그때 나뉜 북부와 남부의 종교 문화적 특성이 이후로도 독일 지역에 잔존하게 되었죠.

북부 프로테스탄트 경향.

남부의 가톨릭 경향.

자! 이제 합스부르크 출신 신성로마 황제의 독일 내 영향력은 거의 유명무실해졌습니다.

오스트리아 말고는 말발이 안 먹혀.

스페인으로부터의 독립을 꾀한 네덜란드도 신교 우세.

우리도 합스머시기 싫어.

덴마크, 스웨덴 북유럽의 왕가도 신교.

스마트하게!

대략 이런 구도에서 보헤미아의 귀족들이 신교를 지지했는데,

항의!

1618년 합스부르크가의 페르디난트 2세가 보헤미아의 국왕이 된 겁니다.

나, 열혈 예수회 빠다!

그는 기다렸다는 듯이 신속하고 왕성하게 개신교를 탄압했죠.

항의하는 것들 씨를 말려주마!

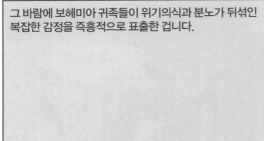

그 바람에 보헤미아 귀족들이 위기의식과 분노가 뒤섞인 복잡한 감정을 즉흥적으로 표출한 겁니다.

아까 밀었는데 또 미니?

철퍼덕!

요한아, '30년 전쟁' 이라고 들어봤어?

그게 뭔데?

유럽의 여러 나라들이 독일 땅에서 벌였던 대규모 국제전이었는데

종교 다툼과 영토 분쟁이 어우러진 희한한 전쟁이었어.

얘기해줘.

자! 전쟁은 프라하 성 창문 밖으로 구교도 왕의 행정관들이 떨어지면서 막이 올랐어.

세 번째다. ㅜㅜ

무슨 만화가 이러냐?

철퍼덕!

사고를 저지른 보헤미아 귀족들이 국왕을 무시하고 임시정부를 수립했지만

그러지들 마라.

신성로마 황제에 오른 왕은 스페인 군대와 합세해서 신교도들을 거침없이 격파했어.

말라고 했냐? 안 했냐?

그런 다음 보헤미아는 신교도를 물리친 합스부르크가의 지배를 받는가 싶더니,

이제 얌전히 가톨릭 믿는 거다.

느닷없이 루터파였던 덴마크 왕 크리스티안 4세가 군대를 이끌고 내려왔어.

누구 맘대로!

하지만 황제의 제국군은 명장 발렌슈타인의 지휘로 덴마크 군대를 몰아냈지.

어디 스칸디나비아 신교 나부랭이가.

그런데 이번에는 스웨덴의 왕 구스타프 2세가 제국의 북부로 밀고 내려왔네.

스칸디나비아 여기 또 있다!

스웨덴의 참전은 명분상 독일 지역 신교도 지원이었지만 속은 해상영토를 노린 거였어.

발트해 제해권을 차지하겠다고 말은 않겠다.

Baltic sea

막심한 피해를 입었지만 황제는 이번에도 겨우 막아냈어.

북극에서 뭐가 또 오진 않겠지?

그럼 그걸로 끝난 거야?

아냐, 진짜 강적이 남았어.

어느 나란데?

합스부르크가의 오랜 앙숙.

프랑스가 남부 독일로 쳐들어왔어.

장자라장장!

어이! 너희 가톨릭이잖아?

그래서 뭐?

당시 프랑스 부르봉 왕가 루이 13세의
재상 리슐리외는 외교의 달인으로

국내에서는 신교를 탄압하면서도 대외적으로는
합스부르크가를 견제하며 신교 진영을 지원했는데,

내가 그렇게 밉냐?

알잖아?

스웨덴이 밀려나자 급기야
직접 전선에 뛰어든 거야.

진짜 전쟁 이제부터다!

프랑스가 나서자
스웨덴은 다시 참전했고,

전세 역전!

네덜란드는 구교측
스페인과 싸웠고,

이때 아니면
언제 싸우냐?

독일의 제후들도 양측으로 나뉘어 싸우거나
중립을 지키며 사태를 관망했어.

헷갈려서 못 싸우겠네.

무슨 전쟁이 그렇게 복잡했대?

자세하게 얘기하자면
이보다 훨씬 더 복잡해.

아무튼 그래서 어떻게 됐어?

1648년에 조약을
맺으면서 종결했어.

그 종전 협정이 '베스트팔렌조약'이야.

WESTFHALIAN
TREATY
1648

프랑스는 알자스-로렌 지방을 획득하며 실리를 챙겼고,

네덜란드와 스위스는 독립국가가 됐어.

하하하하하하하하하

30년 전쟁의 결과로 많은 것이 변했어.

합스부르크 가문은?

망했지.

전쟁의 주무대였던 독일 땅은 쑥대밭이 돼버렸어.

약 800만 명이 사망.

그리고 그때까지 별로 눈에 띄지 않던 공국 하나가 독일 역사의 전면에 등장하기 시작해.

어디?

프로이센.

참혹했던 30년 전쟁 후 독일 지역
제후국들은 혹독한 후유증에 시달렸고,

오스트리아의 합스부르크가는
제국에 대한 통제력을 거의 상실했다.

그 무렵 세력의 틈을 파고들며 새롭게 부상한 나라는 프로이센왕국이었다.

훗날 오스트리아를 따돌리고 독일 민족의 단일국가를 만든 주역이
드디어 독일 역사의 주 무대에 등장한 것이다.

제19화

"프로이센"
애국심의 기원

요한아, 우리 베를린에 있을 때
가봤던 포츠담의 궁전 기억나?

상수시 궁전?

그래.

거기가 무슨 궁전이냐면
근심 없는 궁전이야.

왜?

이름이 그래.

상수시(sanssouci)가 프랑스어
'상스'와 '수시'의 합성어인데,

sans
+
souci

sans가 '~없는'이라고 할 때
쓰는 접두어이고 souci는
근심 걱정을 뜻해.

18세기 중엽 궁전을 건립한 프로이센 왕이
이름을 그렇게 붙인 거야.

문화적으로는 프랑스 취향이었어.

젊어서부터 전쟁터를 누비고 다니느라
그곳에서만큼은 안식하고 싶었나봐.

근심을 내려놓고….

다 함께 차차차….

그 왕이 누군데?

프리드리히 대왕.

그냥 왕이 아니고 대왕?

프로이센의 세 번째 왕
프리드리히 2세인데

독일 역사에선 대왕으로 통해.

엄청 대단했나 보네?

프로이센의 역사를 대표하는 인물 두 명을 꼽으라면 누구누구겠어?

……?

18세기에는 프리드리히 대왕, 19세기에는 비스마르크겠지?

근데 잠깐!

독일 얘기하고 있는데 갑자기 프로이센은 뭐야?

프로이센 몰라?

요한이 열한 살이다.

형이 설명해줄게. 프로이센은 말이야….

응, 응.

원래 신성로마제국 경계의 북동부, 폴란드 쪽에 위치한 공국이었는데 브란덴부르크 선제후가 프로이센공국을 상속받아 합친 후,

1701년에 당시의 영주가 스스로 왕이 되겠다며 대관식을 치르고, 프로이센왕국이 된 나라야.

나 이제부터 왕이다!

그 무렵 오스트리아를 비롯한 다른 나라 제후들은 그런 프로이센을 별로 신경 쓰지 않았어.

브란덴부르크는 베를린 주변 제후령.

자기 손으로 왕관을 쓰다니 그저 웃지요.

어처구니없지만 말릴 기운도 없네.

하지만 프로이센왕국은 곧 무서운
저력을 가진 나라로 성장했는데,

언제까지 웃기만 하는지 보자.

1740년 프리드리히 2세가 세 번째 왕으로
즉위했을 때는 참 특이한 나라가 되어 있었지.

이제 실력 발휘 좀 해볼까?

어떻게 특이했냐고 묻고 싶지?

…^^

당시 프로이센왕국은 자원도
부족하고 산업도 미비했으며

가난해.

인구도 적은 나라였어.

유럽에서 13번째 정도.

그런데 군사력 규모가
유럽에서 3, 4등 정도!

두둥!

군대가 비정상적으로
발달한 나라였던 거지.

아직도 우스워?

프로이센은 그 군대로
뭘 했을까?

뭘 했겠어?

프리드리히 2세는 전격적으로 오스트리아
관할의 슐레지엔을 침공했어.

저기다! 가자!

전하, 왜 하필 저깁니까?

슐레지엔은 오스트리아가 애지중지하는
부유한 지역이었어.

오스트리아 세수입의
18%가 저기서 나온다!

세금 추징하러
가시는 겁니까?

이빨이 무뎌졌다고는 해도 오스트리아는 강대국인데,

제국 황제의 본령이다.

갓 등장한 프로이센이 싸움을 걸었으니,

빡!

독일은 물론 온 유럽이 경악을 했어.

뜨악!

마침 그때가 오스트리아 왕위 계승에 문제가 생겼던 시점으로

황제가 아들 없이 죽었다.

그럼 딸이 물려받지?

유럽의 강대국들이 왕위 계승의 정당성을 내세워 합스부르크 가문의 영지들을 탐내고 있었는데,

아들 있는 우리가 나눠 가져도 되지.

프로이센이 선수를 치고 나섰던 거야.

내가 먼저 먹지.

처음엔 누구도 프로이센이 오스트리아의 적수가 될 거라고 보지 않았지만

뭔데 숟가락 드니?

프리드리히 2세는 전광석화처럼 슐레지엔을 접수해버렸어.

벌써 먹었니?

그걸 계기로 독일 지역에는 새로운 세력구도가 형성되었지.

세상이 바뀌었네?

전통적인 합스부르크가의 오스트리아와 거기에 필적하는 신흥 강국 프로이센왕국.

이제 웃음기가 싹 가시지?

246

그쯤 되자 프로이센을 달리 보게 된 나라는 오스트리아나 독일의 제후국들뿐만이 아니었어.

숟가락 드는 속도가 장난이 아냐.

프랑스, 영국, 러시아 등 주변 강대국들도 새롭게 떠오른 군사 강국을 경계하게 됐지.

쟤 숟가락 더 커지면 안 된다.

밥그릇 아니고?

그래서 14년 뒤 오스트리아가 슐레지엔을 되찾으려고 전쟁을 벌였을 때는

밥그릇 되찾고 기를 꺾겠다!

프랑스, 러시아, 그리고 많은 제후국들이 오스트리아의 편에 섰어.

같이 꺾자!

그런데 이번엔 대영제국이 프로이센을 지원했어.

왜?

영국은 프랑스와 아메리카 식민지 쟁탈전 중이었거든.

프랑스의 적은 우리편이니까.

그렇게 복잡한 이해관계로 진행된 7년 전쟁.

쾅!

제아무리 프리드리히 2세라도 이번엔 고전할 수 밖에 없었는데,

떼로 덤비니 못 당하겠다.

막판에 반전이 일어났어.

러시아 통치자의 갑작스런 사망.

*버거운 상대였던 러시아가 발을 빼고 철수한 거야.

새 황제가 프리드리히 팬이라서 안 싸우시겠대.

*러시아 여제 예카테리나를 이어 즉위한 표트르 3세는 프로이센 왕 프리드리히를 높이 평가하고 좋아했다고 한다.

7년 전쟁을 승리로 이끈 프리드리히는
그때부터 대왕으로 불렸고,

이겼다!

프로이센왕국은 독일 지역의 정세를
좌지우지하는 초강대국으로 발돋움했어.

프로이센 뜨고!

오스트리아 지고….

그렇게 국력을 강화해서 훗날 프로이센 중심으로
독일이 통일국가가 되는 초석을 다진
프리드리히 대왕은

할 만큼 했다.

인생의 황혼기를 포츠담 상수시 궁전에 머물면서
시름을 내려놓고 안식을 취했대.

근심 없는 곳에서 눈 감고 싶어라.

그런데 프리드리히대왕을
'감자대왕'이라고도 부른대.

왜? 감자를 많이 먹어서?

아니, 사람들에게
감자를 많이 먹여서.

에엥?

남아메리카가 원산지인 감자가
유럽에 전래되었을 당시에는

이기 뭐고?

도무지 사람들이
먹으려 들지 않았대.

사람이 묵는 게 아닌데?

하지만 프리드리히 대왕은
군대까지 동원해서 재배와
보급에 힘썼어.

먹는 거 맞다니까!

248

결국 감자는 독일과 유럽에서 기근을
극복하는 탁월한 구황작물이 되었지.

감자 없었으면
우짤 뻔했노?

그래서 요즘도 프리드리히대왕의 무덤 묘석에
사람들이 감자를 가져다 놓는대.

고마우니까 감자 하나 드셔.

FRIEDRICH
DER
GROSSE

그는 문화를 장려하고 민생을 돌본
계몽군주로도 존경받는 위인이야.

전쟁만 한 게 아니었다고.

그렇게 대왕의 안식과 더불어
독일의 18세기가 마무리됐어.

이제 다들 좀 쉬어.

자! 이제 독일 지역의
앞날은 어떻게 될까?

그만큼 옥신각신했으니
평화로워질 때도 됐잖아?

그런데 바깥에서 어마어마한
폭풍을 몰고 온 자가 나타났어.

누구?

나폴레옹!

으아!!

학장님, 독일 국민들은 언제부터, 그리고 누구 때문에 애국심을 갖게 되었을까요?

그게 무슨 소리냐?

생각해보십시오.

18세기가 끝날 때까지, 아니 19세기 초까지도

독일 지역에 살던 사람들의 의식에는

하나의 국가나 조국이라는 개념이 부재했습니다.

단일국가 성립에 필요한 중요한 요소가 빠져 있었으니

우격다짐으로 합치려 해서 될 일도 아니고,

제후국들은 이해관계에 따라 이합집산을 거듭했을 뿐이죠.

프로이센과 오스트리아가 각자 두드러진 국력을 갖췄을 때는

둘을 제외한 제후국들끼리 제3의 독일로 연합하자는 시도도 있었지만

고만고만하게 모여 아쉬움 달래자고?

그마저도 시도에 그쳤습니다.

그런다고 달래지나?

그런 상황에서 독일인들의 자의식을
건드린 사건이 1806년에 벌어졌죠.

삐이~!

나폴레옹 전쟁!

예! 정답입니다!

온 유럽을 전쟁의 소용돌이에
몰아넣은 나폴레옹 군대가

내 사전에…

독일 땅으로 파죽지세로
밀고 들어와

불가능은…

프로이센, 오스트리아, 러시아
연합군마저 격파하고

없다!

급기야 베를린에 입성한 겁니다.

장자라장장!

바로 직전에 빈이 함락된 오스트리아에서는
프란츠 2세가 신성로마제국 황제의 관을
내려놓았죠.

공식적으로 제국은 해체되었다.

그리고 나폴레옹은 프랑스에 접한 16개 주를
라인동맹으로 묶어 프랑스 관할 보호령으로
만들었습니다.

완충지대다!

프랑스

라인동맹

프로이센

오스트리아 제국

그 후로 나폴레옹의 프랑스 군대는 어떻게 처신했을까요?

……?

그들은 독일 땅에서 점령군답게 행동했습니다.

나대자!

곳곳에서 횡포를 부렸고

프렌치가스!

뿌웅~

민중의 삶의 터전인 농촌을 약탈했으며

프렌치프라이 없어?

과도한 관세를 매겨 물가 폭등을 야기했습니다.

서민 경제를 파탄내다니….

민심에 불을 붙인 격이었죠.

부글부글

일련의 과정을 겪으면서 독일 땅 민중들은 프랑스에 대한 적개심을 갖게 되었고,

부글부글   부글부글   부글부글

그 공감대는 서서히 애국심과 단일민족의식으로 발현됐습니다.

부글부글   부글부글   부글부글   부글부글

피히테의 저 유명한 연설 '독일 국민에게 고함'이 나온 것도 그 무렵.

내가 한마디 하겠소!

1807년 겨울, 점령당한 베를린에서 독일 민족의 자긍심과 애국심을 고취하는 강연을 펼쳤죠.

독일 민족이 어떠한 민족이냐면 말이오!

한마디 한다더니 몇 개월을 떠드네?

제20화

"흑 적 금"

염원의 삼색

1817년, 독일의 대학생들이 여기 바르트부르크 성에 모여 집회를 열었어.

그들은 해방 전쟁 당시 의용군 제복을 모티브로 한 삼색 복장을 착용하고

세상이 거꾸로 돌아간다며 시국을 한탄하고 비판했어.

1817년이면 전쟁 끝난 지 얼마 안 된 때잖아요?

맞아. 달아오른 민족의식의 열기가 채 식지 않았던 때지.

그런데 왜?

어머! 가영이, 너….

왜요? 세계사에 무식하다고요?

이거 다 설정인 거 몰라요?

어머! 작가 핑계?

암튼, 전쟁이 끝난 후 독일 사람들은 들떠 있었어.

곧 통일공화국을 세우고 헌법을 제정하리라 굳게 믿었겠지?

그런데 알다시피 어떻게 됐어?

전후 유럽의 질서를 바로잡는답시고 1815년 빈에 모인 연합국의 높으신 분들은

재! 재! 이 회의의 주제는?

민의를 거스르는 결정을 내리고 구체제의 복원을 꾀한 거야.

왕정복고!

예뻐!

오! 멋져!

오스트리아 재상 메테르니히가 주도한 이른바 빈 체제의 시동이었지.

옛것이 좋은 것이여.

그 결과로 39개의 국가로 된 독일 연방이 구성되었지만 느슨한 연합체에 불과했고,

통일이 된 듯, 실상은 안 된 듯.

덴마크, 영국, 네덜란드의 국왕들도 연방의회에 표결권을 가졌어.

그게 뭐겠어?

독일 민족의 단일국가가 유럽에 들어서는 걸 막고,

독일 땅을 계속 강대국들의 싸움터로 두겠다는 거였겠죠.

맞아. 과거 신성로마제국 시절에 비해 하등 나아진 게 없었던 거야.

기껏 조국애가 생기기 시작했는데 정작 조국은 미래로 향하지 않고 후퇴한 상황.

학생들이 불만을 가질 만했겠지?

민족주의 운동이 과격해질
조짐이 보이자,

그냥 두면…

기존 질서가 위협받을 거라고
판단한 메테르니히와
연방국 재상들은

안 되지.

체제 저항운동을 강경하게
진압하고 억눌렀어.

싹을 잘라!

독일의 양대 강국 프로이센과
오스트리아가 절대 왕정으로
회귀하는 가운데

진보적인 정치 활동에 가혹한
탄압을 가했고,

나서지 마!

언론 출판 저작물, 그리고
문화 예술을 검열했어.

나대지 마!

그 바람에 의식 있는 지식인, 문인, 예술가들은
모여서 푸념하거나 체념하는 분위기였지.

이토록 무기력하고
나른한 시절에는….

음악은 웅장한 스케일의 곡보다 목가적이고
소박한 가곡이나 실내 악곡이 유행했어.

슈베르트가 딱 좋아.

민중의 열망이 숨을 죽인 지루한 시절,
소란도 외침도 없는 강제된 평화의 시대.

…….

그때를 일컬어 '비더마이어'시대라고 해.

고루하고 보잘 것 없는
형씨들의 시대라고나 할까?

Biedermeier

그러나 민중들은 가식적인 평화를 오래 내버려두지 않았어.

참을 만큼 참았다!

1848년 빈 체제 타도를 외치는 항쟁이 전 유럽에서 발생한 거야.

와아아아아!

오스트리아의 빈과 프로이센의 베를린 시민들은 자유와 민권을 요구하는 대규모 시위를 벌였어.

의회와 헌법을 원한다!

WIEN   BERLIN

도심에 바리케이드가 설치되는 가운데 일촉즉발의 위기가 조성됐지.

누가 이기나 해보자!

시위하는 독일 군중 틈에서는 다시 삼색기가 휘날렸어.

펄럭~

더 이상 버티지 못한 메테르니히는 런던으로 망명, 빈 체제는 막을 내렸고,

폐업

드디어 그해 5월 18일 585명의 대표들이 모여 국민의회를 발족시켰어.

프랑크푸르트 바울 교회에서.

자! 그럼 이제 독일은 통일국가가 되었을까?

글쎄요?

국민의회는 지지부진했어.

어머! 그랬군요?

일단 프로이센과 오스트리아 양국의 위세가 비슷한 마당에

프랑크푸르트 의회나 임시정부는 실권을 갖지 못했고,

결정은 하나 마나.

무엇보다 향후 독일을 어떻게 통일할지를 두고 의견이 갈렸어.

통일이 어디 쉽냐?

오스트리아 황제를 국가 수반으로 하고 전체 독일을 하나로 묶자는 대독일주의와

이렇~~~~~게!

오스트리아를 제외하고 프로이센 중심으로 뭉치자는 소독일주의가 팽팽하게 맞섰어.

요렇~~~게!

국민의회는 소독일 방안을 들고 프로이센의 왕에게 독일제국의 황제직을 제안했는데,

거절하겠다!

프리드리히 빌헬름 4세가 왜 제안을 거절했을까?

어머! 왜요???

'혁명의 냄새나는 더러운 왕관'을 받아 쓸 수 없다는 이유였어.

어머나! 세상에!!

민의와 달리 지배층의 인식은 얼마나 고루했는지 여실히 드러난 대목이지.

어쩜! 그럴 수가!!!

어쩜!!!!

어쩜!!!!

……

설정이 좀 과하지 않니?

어머! 어쩐 말씀?

그래서 어떻게 됐어요? 다음이 궁금! 궁금…!

……

어떻게 되긴 뭘 어떻게 돼? 뜨뜻미지근하게 그냥 갔지.

그러다가 군국주의자였던 빌헬름 1세가 프로이센의 왕이 되었고,

1862년에 왕은 자기보다 훨씬 더 강력한 군국주의자를 내각에 불러들였어.

어여 들어와!

파리 주재 프로이센 공사로 나가 있던, 반혁명의 화신으로 소문났던 인물.

때가 왔다.

오토 폰 비스마르크였어.

어머머머!!

과하다.

260

요한아!

할머니는 독일이 밉단다.

독일은 어린 시절 할머니의 가족에게
너무나 큰 시련을 안겨준 나라야.

그들은 세상에 둘도 없는 악당을 만들었고,
그 악당이 저지르는 나쁜 짓을 말리지 못했어.

때론 모두가 악당이 시키는 대로 내 가족을
에워싼 채 막다른 곳으로 몰아넣었지.

그때 할머니를 둘러쌌던 독일인들의
싸늘한 눈빛이 평생 가슴에 남았어.

261

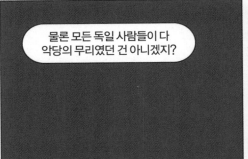

물론 모든 독일 사람들이 다
악당의 무리였던 건 아니겠지?

하지만 사람들의 영혼을 물들이는 무서운
생각을 예방하지 못한 건 그들의 잘못이야.

그 무서운 생각은 사람들을
이간질시키고 싸움을 종용해.

나중에 네가 커서 그걸 주변에서
발견하면 꼭 용기를 내서 물리치렴.

그 생각의 이름은

'군국주의'였던 적도 있고,

'전체주의'였던 적도 있어.

그리고 네가 사는 세상에서 언제든 또 다른
그럴싸한 이름으로 나타날 수도 있단다.

할머니….

요한이, 또 꿈꿨어?

응….

형, 그 악당 이름 뭐야? 콧수염 난 악당.

누구? 히틀러?

아니, 히틀러 말고!

그 전에! 있잖아?

비스마르크?

그래! 비스마르크!

아아….

비스마르크는 악당 이라고만 볼 수는 없지?

왜 없어?

비스마르크가 끈질기게 군사력 증강을 꾀한 면 때문에 그렇게 생각하는 것 같은데,

알고 보면 군국주의에 집착한 전쟁광이 아니라 현실주의자였어.

그에게 당면 과제는 무엇보다 통일국가를 세우는 거였어.

하나의!

주변국의 간섭에 흔들리지 않는 독립국가 말이야.

강력한!

특히 집요하게 독일의 통일을 저지하는 프랑스를 극복해야 한다고 보았지.

뭐?

자! 그럼 외부의 방해요소를 극복하려면 뭐부터 해야 할까?

내실을 다져야지.

그렇지!

일단 독일 내 여러 나라들의 힘을 하나로 뭉치고 의기투합해야 해.

아하!

그러려면 독일 내에서 패권 경쟁을 하던 오스트리아부터 눌러야 했어.

역사적 과업에서 재들은 빼자!

두 나라는 1866년에 결국 한판 붙었지.

쾅!

결과는 싱겁게 끝났어.

승!

전쟁에서 이긴 프로이센은 마인강 이북 22개 나라들을 규합해 북독일연맹을 결성했어.

정치, 경제, 군사적 권한을 집중시킨 국가 연합체였어.

이제 남은 마지막 과제는 프랑스.

하늘이 두 쪽 나더라도 독일 통일만은 막아야 한다!

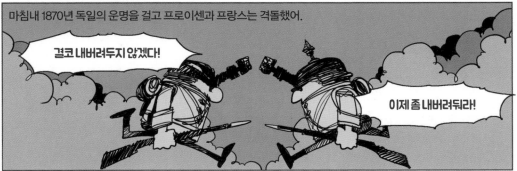
마침내 1870년 독일의 운명을 걸고 프로이센과 프랑스는 격돌했어.

결코 내버려두지 않겠다!

이제 좀 내버려둬라!

전쟁에서 북독일연맹뿐 아니라 남부 독일 나라들도 프로이센을 지원했어.

더 이상 남이 아니다!

명칭은 프랑스 프로이센 전쟁이었지만 실제로는 프랑스 독일 전쟁이었던 거지.

적군이 달라졌네?

결과는 말 안 해도 알겠지?

와!

독일군은 승리의 여세를 몰아 적국의 심장부인 파리로 진격해 들어갔어.

와!

그리고 프랑스 절대 왕정의 상징인 베르사유 궁전에서

와!

와!

와!

독일의 제후들은 빌헬름 1세를 독일제국의 초대 황제로 추대했어.

와!

와!

와!

1871년 비로소 독일 국민은 통일된 민족국가를 가지게 되었고,

역사에서 처음으로 독일, '도이치'라는 단어가 국가의 이름 전면에 등장한 거야.

Deutsches Keiserreich

＊도이치제국 국기의 색은 흑 백 적색이었다.

독일 연방공화국 기본법 제22조에는 독일 국기에 대한 규정이 나와 있습니다.

"Die Bundesflagge ist schwarz–rot–gold."

연방기는 흑색, 적색, 금색이라는 말입니다.

가로로 나뉜 세 개의 긴 면에 맨 위부터 검정, 빨강, 그리고 금색.

맨 아래가 금색이라고는 하지만 실제로 깃발에 도료를 사용해 표현하는 색은 대체로 노란색입니다. 그럼에도 그걸 금색이라고 말하는 데에는 사연과 의미가 있습니다.

역사적으로 독일의 제후들과 국민들은 여러 차례 통합된 단일제국이나 공화국 성립을 시도했고 그때마다 공식 깃발을 정했는데, 현재 연방기로 사용하는 배색 외에 흑, 백, 적의 색 조합을 사용한 때도 있었습니다.

깃발이나 문장은 해당 국가나 제후의 가문을 시각적으로 나타낸다는 의미에서는 오늘날 회사나 브랜드의 로고와 유사한 점이 있지만, 본래는 각각의 관할 영지를 표시하면서 전쟁 같은 혼란 상황에서 피아를 식별하고 세를 과시하는 용도였습니다.

그래서 오랫동안 단일국가로 통합되지 않고 제후국들로 분산되어 있었던 독일 지역에서는 하나의 국가, 결집된 국민 의식이 생겨나기 전까지 국기가 필요하지 않았습니다.

만화 본문에서 얘기한 바 있지만 독일 국민의 단결과 민족의식은 외부로부터의 위협이었던 나폴레옹 전쟁 때부터 생겨났습니다.

나폴레옹 군대가 독일을 포함한 유럽의 민중과 지식인들 사이에서 구습을 타파하고 새 시대를 여는 해방군으로 환영받은 때도 있었지만, 독일인들의 입장에서 볼 때 나폴레옹의 프랑스군은 결국 자기들의 단일국가 성립을 저해하고 자신들의 땅에 라인동맹이라는 괴뢰국가 연합을 구축한 적국일 뿐이었습니다.

그러다 보니 독일 국민들은 나폴레옹 전쟁 당시 대학생과 지식인들이 대거 참가해 결사항전 했던 의용군의 제복을 기억하고 있었던 겁니다. 당시 의용군대를 지휘했던 부대장의 이름을 딴 뤼트초프 자유군단은 검은색 바탕에 적색의 끝동, 그리고 금색 단추가 달린 제복을 입고 싸웠습니다.

독일 국기의
변천

나폴레옹이 몰락한 후 유럽의 질서가 메테르니히가 주도한 과거 체제로의 회귀로 이어지면서 단일국가와 공화국에 대한 희망이 다시 요원해지자, 지식인들과 민중들은 반동 체제에 항거하면서 흑, 적, 금색의 깃발을 꺼내 들기도 했습니다.

1848년 혁명을 거친 후 비로소 독일 땅에 세워진 프랑크푸르트 국민의회는 공식기로 흑, 적, 금의 깃발을 게양했습니다.

그러나 국민의회도 깃발도 오래가지 못했습니다.

독일 지역의 새로운 강국으로 부상한 프로이센이 북독일 연방을 성립하면서 깃발의 배색을 흑, 백, 적으로 바꾸었고, 오스트리아와의 세력 다툼에서 이기고 프랑스를 완파한 후 세운 도이치제국이 그 배색을 그대로 사용했습니다.

승승장구하던 도이치제국은 1차대전 패배와 함께 몰락했고 깃발도 내려졌습니다.

1919년에 성립한 바이마르공화국은 다시 제국 이전에 민중과 국민의회가 게양했던 흑, 적, 금의 깃발을 공식기로 지정했습니다.

하지만 공화국을 와해시킨 히틀러의 나치 정권은 그 배색보다 프로이센과 도이치제국의 색깔을 더 선호했습니다.

히틀러의 나치 정권이 이끈 제3제국은 흑, 백, 적의 색을 나부끼며 세계 전쟁을 일으켰고 또 패망했습니다.

2차대전 후 분단된 서독과 동독은 흑, 적, 금색을 기본으로 한 국기를 사용했습니다.

그리고 통일된 독일 연방공화국은 그 배색을 공식기로 정했습니다.

제21화

"피와 철"
광기의 전조

저기 봐! 요한이 동상이야!

뭐?

요한 세바스티안 바흐.

난 또 무슨 소린가 했네.

JOHANN
SEBASTIAN
BACH

토마스 교회야. 바흐가 27년간 음악 감독으로 재직했던 곳.

그리고 그가 죽어서 묻힌 곳이래.

요한아, 바흐 좋아해?

응….

그럼 멘델스존도 좋아해?

응….

잘됐다! 여기 라이프치히에 멘델스존 하우스도 있거든.

알아.

269

멘델스존이 음악 감독으로 일했던 데가 라이프치히 게반트하우스 오케스트라야.

응?

요한이 바이올린 신동이다. 누구 앞에서 아는 척이냐?

애! 맞다.

근데 요한이 아까부터 표정이 별로 안 좋네?

......

뭐 맘에 안 들어?

......

형, 맘에 안 들어!

응? 나?

형이 비스마르크 좋다고 해서.

으응?

나, 좋다고 한 적 없는데?

악당 아니라며?

그건 꼭 악당으로 볼 수만은 없다는….

그 말이 그 말이지.

통일국가 만들려고 내실을 다졌다는 얘기도 가만 생각해보니 맘에 안 들어.

아니, 그건 실제로….

악당 맞아.

야! 너!

애한테 그렇게 가치판단을 확정지어 말하면 안 되지!

눈높이 맞추는 거야.

그리고 나도 너 그 말 할 때 맘에 안 들었어.

엄연한 역사적 사실인데 뭐가 맘에 안 들어?

그래, 나도 그 역사적 사실을 말하는 거야.

덴마크와 싸우고, 오스트리아를 누르고, 프랑스를 도발한 사실.

내실을 다지려 했다면 국민의 삶을 돌봐야지.

왜 나라 재정을 군비에 쏟아 부어?

왜 주변국과 전쟁을 벌이고 청년들을 전쟁터로 내몰아?

왜 민족의식을 부추겨서 적개심을 조장해?

민족주의는 자율과 독립을 지키려 할 때는 숭고하지만

배타성을 띠기 시작하면 의미가 퇴색되는 거야.

게다가 군국주의와 결합하면 그땐 정말 악랄해지는 거지.

일단 나라가 부강해야 외침으로부터 안전하고 국민의 삶이 안정되는 거 아냐?

그리고 통일국가를 만들려면 흩어진 독일 민족의식을 하나로 뭉쳐야 했을 테고.

천만에! 그는 뼛속까지 프로이센 사람이었고,

강력한 프로이센 주도의 제국을 유럽 한가운데 세우려고 한 거야.

그리고 자신만이 그 일을 수행할 수 있다고 생각했지.

프로이센의 주도였든 어쨌든 독일은 통일됐잖아?

그리고 누가 됐든 적임자가 중요한 역할을 맡는 거고.

그 일을 비스마르크가 해냈다는데, 그게 왜 나빠?

그리고 도이치제국이 성립된 다음부터는 더 이상의 영토 확장을 꾀하지 않았어.

여기까지다.

주변국과의 문제도 외교로 풀면서 전쟁을 피하려고 했지.

러시아든 영국이든 어디든 프랑스와 동맹만 맺지 마라.

자! 먹어봐.

이게 뭡니까?

동그란 빵에 기다란 소시지가 양쪽으로 삐죽 나와 있네요?

Thüringer Bratwurst

'브라트부르스트'라는 거다.

정확히 말하면 튀링거 브라트부르스트.

튀링겐주에 왔으니 이걸 또 먹어줘야 하지 않겠냐?

여기가 튀링겐주입니까?

튀링겐주 에르푸르트 아니냐!

아! 그렇습니까?

그래! 바이마르, 예나 등이 튀링겐주에 속한 도시들이지.

내가 독일에서 제일
좋아하는 주가 튀링겐이다.

정말 아름답고 고색창연한
지역이지. 자연 경관도 좋고.

띠롱!

응? 홍설록이
문자 보냈는데요?

뭐라고?

"형 생각에 비스마르크는
악당이야? 아니야?"라고.

뭐냐? 그 녀석 초딩이야?

그러게 말입니다.

하하하….

하하하….

그래서 넌 뭐라고 생각하냐?

제가 초딩입니까?

초등학생 눈높이에
맞춰보라는 말이다!

왜 그래야 합니까?

초등학생도 보는
만화란 말이다!

정말요?

그래!

그럼 스타일 좀
바꾸겠습니다.

그림체는 왜 바꾸냐?

제가 지난번에 민족의식에 대해 했던 말 기억나십니까?

약이 될 수도, 독이 될 수도 있다고 했던?

예.

저는 프로이센이 프랑스를 위시한 주변국들과의 전쟁에서 승리하고,

1871년에 도이치제국을 건설하면서 들었던 축배가 독배였을 수도 있다고 생각합니다.

그때 독일은 무력 과시와 전쟁을 통해 과열된 민족주의의 단맛을 봤으니까요.

그 이후에 어떻게 됐습니까?

제국 건설 후 비스마르크는 주변국을 자극하지 않고 도발을 자제했지만

오히려 국민들이 식민지 쟁탈전에 뒤처진 독일의 현실을 개탄했고,

우리도 아시아로, 아프리카로 진출하자!

정세가 예민해져 전운이 감돌 때는 적국과의 결사항전을 요구하는 여론이 들끓었습니다.

프랑스 놈들 또 콧대 높이냐?

이번엔 아예 뭉개버리자!

비스마르크가 주도한 강국의 단맛을 이미 봤으니까요.

남부럽지 않다!

그의 역량만큼은 정말 비범했죠.

그럼!

그런데 그 탁월함이 역사의 비극을 초래할 선례를 남겼습니다.

뭐라?

훗날 독일이 전체주의에 휩싸이게 되었을 때 참고한 선례 말입니다.

국가와 사회가 위기에 처했을 때 다양한 의견을 모아 문제를 풀어가기보다

어렵네.

한 개인의 영도력에 국가의 명운을 맡겨버리는.

나한테 맡겨!

오오!

Follow me!

모두가 그 비범한 자의 독한 연설에 취해 다른 목소리를 묵살해버리면서

난 반대….

꺼져!

일사불란하게 정해진 목표를 향해 진군하는 광기의 전조가 될 만했던 겁니다.

도이치 게르만 민족을 누가 당하랴?

저벅

저벅

저벅

참혹했던 1, 2차 세계대전이 어떻게
벌어지고 전개됐는지는 얘기하지 않겠습니다.

뻥!

또 뻥!

그건 비단 독일만의 역사가 아니니까요.

프랑스, 영국, 러시아, 오스만 터키, 이탈리아, 미국,
소련, 일본, 동남아, 중국, 중동, 아프리카… 끝도 없네.

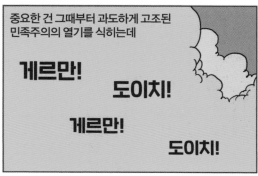

중요한 건 그때부터 과도하게 고조된
민족주의의 열기를 식히는데

게르만!

도이치!

게르만!

도이치!

독일은 무척 오랜 시간이 걸렸고
많은 고통을 겪어야 했다는 점입니다.

도이치!

게르만! 도이치! 게르만!

인류 역사에 유례가 없는 희대의 광인, 히틀러를
그들 역사에 깊이 각인시키면서까지…

'피와 철'로 통치하겠다니
얼마나 섬뜩한 말입니까?

그리고 그 말을 실천에 옮겼다는 것.

비스마르크는 그런 인물이었습니다.

복잡한 국제 정세 속에서 열강들의 패권주의가 충돌했던 1차 세계대전은 1919년에 끝났다.

오스만 터키, 오스트리아와 손잡았던 도이치제국은 패망했고, 제국의 마지막 황제는 딴 나라로 망명했다.

그리고 그해, 독일 땅에 최초의 민주공화국인 바이마르공화국이 성립되었다.

Weimarer Republik

공화국 의원들은 헌법을 제정하고 당면한 문제들을 차근차근 풀어가기로 마음먹었다.

그러나 그 과정은 험난하기 짝이 없었다.

국토는 파괴되었고,

실업자들이 넘쳐났으며 물가는 천정부지로 치솟았다.

막대한 전쟁 보상금도 물어야 했다.

1320억 마르크

그래도 힘겹게 문제를 해결해나갔고,

차츰 서광이 비치는 듯했다.

하지만 곧이어 독일 국민의 인내심은 시험대에 올랐는데,

1929년 미국에서 촉발된 경제대공황의 먹구름이 유럽을 뒤덮은 것이다.

지친 독일 국민들은 과거 시절 강대국의 단맛을 떠올렸다.

기회를 놓칠세라 민족주의를 가열해 전체주의로 탈바꿈시키는 세력들이 고개를 쳐들었다.

민족사회주의 도이치 노동자당. 이른바 나치였다.

독일 국민들 다수는 나치를 기꺼이 맞이했고,

1933년 바이마르공화국의 마지막 대통령 힌덴부르크는

나치의 수괴 아돌프 히틀러에게 권력을 넘겨주었다.

제22화

"나치"
지워지지 않는 이름

요한이 할머니가 유태인이셨다고요?

응.

와! 놀랍네요.

뭐가?

나치에게 탄압받은 유태인은 책이나 영화에서만 봤는데.

요한이 할머니가 그런 분이셨다는 게 놀랍지 않아요?

하긴….

그런데 어떻게 무사히 피신하셨던 거래요?

함께 음악을 공부한 군터라는 독일인 친구의 도움을 받았대.

어머! 드라마다! 그럼 나중에 두 분 재회하셨어요?

만나진 못하셨어. 우리 재단에서 오래 찾은 끝에 소재는 확인했지만.

어머! 왜요?

그 대목이 좀 눈물겨운데…

군터, 그분이 거절했어.

왜?

재단 유럽지부를 통해 편지만 보냈더라고.

한나.

당신이 무사하다는 소식을 이제야 들었소.

그 옛날 지옥의 악마보다 몹쓸 놈들에게 쫓겨 가족들 곁을 떠났던 그 모습을 잊은 적이 없소.

이제라도 당신이 잘 살고 있다는 소식은 내 목숨을 여태 부지한 것보다 천만 배는 더 기쁘오.

한나, 우리 세대가 겪은 일을 다시 떠올리기가 무척 힘들지만 말하겠소.

나는 그 후로 당신의 가족과 당신네 사람들이 내 나라와 내 나라 사람들의 지긋지긋한 만행과 방관에 희생되는 걸 여기서 얘기로 듣고 눈으로 보았소.

난 두려워서 그저 숨죽이는 것 말고는 아무것도 할 수 없었소.

솔직히 내가 독일인이어서 다행이라는 생각도 했던 것 같소.

그래요. 바로 그 생각이 나를 병들게 했다오.

난 바이올린을 손에서 놓았소.

병든 영혼과 손으로 어떻게 연주할 수 있었겠소?

세상에! 당신이 살아 있다니. 오! 하나님 감사합니다.

그걸로 됐소.

그걸로 됐소.

그 옛날 당신의 피신을 도왔던, 내 하잘 것 없는 일을 선행이라고 여기지도 말고,

행여 감사하지도 말아주오.

당신 가족과 당신네 사람들이
당한 고통을 생각하면

내 나라와 나는 속죄라는 말도
감히 입에 올리지 못할 거요.

적어도 나의 세대는 그래야 마땅하오.

다만 나는 당신과의 기억 하나
때문에 그나마 버틸 수 있었고,

이제 살아남은 당신이
나에게 구원이오.

정말 감사하오.

한나, 당신은 분명 세상에서 가장
우아한 할머니가 돼 있을 거요.

하지만 차마 당신과 마주할 수
없는 나를 이해해주기 바라오.

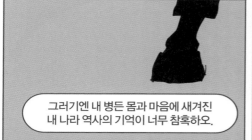

그러기엔 내 병든 몸과 마음에 새겨진
내 나라 역사의 기억이 너무 참혹하오.

당신만이라도 하늘이 준 수명을 다 지킨다면

오! 하나님 감사합니다.

난 그걸로 됐소.

한나, 정말 다시 보고 싶지만

이렇게 기쁜 마음만 간직한 채 남은 날들을 보낼 수 있도록 허락해주오.

염치없지만 당신의 샤콘느는 마지막으로 꼭 한 번 듣고 싶소.

언젠가 그 선율만이라도 들을 수 있길 바라오.

그러면 그걸로 됐소.

군터.

그럼 요한이가 독일에 온 이유가?

그래, 할머니한테 배운 샤콘느를 군터에게 들려주러 온 거야.

어머! 그분 어디에 있어요?

뤼데스하임.

헤센주 라인강 변의 작은 도시에.

재단에서 그분을 찾느라 힘들었어. 전쟁 후의 행방이 묘연했거든.

유태인 도주를 도왔다는 혐의로 게슈타포에게 체포됐다가

풀려난 다음에도 반민족 행위자라고 손가락질당하고

결국 학업도 포기하고 종적을 감췄던 거래.

독일의 불행한 역사를 오롯이 가슴에 새긴 인생이었던 거야.

……

재단 관계자와 만났을 때, 이런 말씀을 하셨대.

뭐라고요?

287

자기는 오늘날 독일이 유럽연합을
선도하는 모습조차 보기 불편하다고.

지난날 범죄에 대해 독일이 백번을 사죄하고
세계가 그 진정성을 믿어 의심치 않아도

정작 자신은 조국에 대한 의구심을
완전히 거둘 수 없을 거래.

자기 나라, 바로 이웃 사람들마저 가면을
쓰고 있는 게 아닌지 의심이 들 정도로.

과거 나치와 히틀러에게 환호했던
독일 국민의 DNA가 지금도 곳곳에서
망령처럼 출몰하는 걸 목격하면

예전에 유태인을 도왔던 경험도
이 나라에선 여전히 혼자만 아는
비밀로 묻어둘 수밖에 없다는 거야.

슬프네요.

베를린에서 보고 느꼈던 환희와
하모니의 감동마저 무색해질 정도로….

그런데 언니!

왜 독일은 히틀러와 나치의
창궐을 막지 못했을까요?

막지 못한 게 아니지.

나치가 어디서 쳐들어온 게 아니잖아?

괴물은 안에서 태어나고 자랐어.

바이마르공화국을 버린 것도,
나치 정권을 키운 것도

독일 국민의 선택이었어.

인간의 본성 깊숙한 곳에
도사린 혐오를 끄집어낸 것도,

그 악랄한 판타지를 현실에서
저질렀을 때 동조하거나 침묵한 것도.

모두.

세월이 많이 지나고 독일이 수없이 과거에 대한 반성을 되풀이하면

독일 사회가 전체주의라는 병원균을 이기는 항체를 마련했다고 믿을까?

너 여기 오기 전 독일의 양면을 알고 싶다고 했지?

응, 그랬죠.

어때? 어떤 게 독일의 진짜 얼굴인 것 같아?

뭐가?

베를린에서 보았던 평화와 다양성에 미소 짓는 얼굴과,

반성과 경계의 피로를 내색하지 않는 얼굴.

그 둘 중에 말이야.

그건 중요한 게 아니죠.

내면의 진위를 뭐하러 파악해요?

누구에게나 두 얼굴이 있고, 세상 어디에나 선과 악이 함께 있는데.

언니도 고운 얼굴과 미운 얼굴을 다 가졌잖아요?

모두에게 바람직한 한 가지 얼굴을 가지라고 할 순 없죠.

그거야말로 또 다른 전체주의니까.

중요한 건 그 사회가 내부에 숨은 악을 인정하느냐 안 하느냐.

솔직하게 직시하는 사회는 악한 편견을 차단하는 장치를 만들고,

그래도 틈이 벌어져 날뛴다면 장치를 계속 손보면서 끊임없이 나은 길을 모색하겠죠.

내가 본 독일은 한쪽으로 기울지 않고 치열하게 다투는 법을 익힌 것 같아요.

그러면서도 지치지 않는 방법을요.

근데 내가 어디가 미워?

모르는 것도 문제야!

독일 연방 16개 주에는 이름만 들어도 알 만한 도시들이 고루 퍼져 있다.

함부르크.

항만과 물류의 요충지.

프랑크푸르트.

독일 경제 금융의 중심지.

뮌헨.

지멘스와 BMW 본사가 있는 부유한 도시.

슈투트가르트.

메르세데스벤츠와 포르쉐, 보쉬의 본사가 있는 도시.

본.

젤리 제과회사 하리보의 고향. 유럽 최대 통신회사 도이치 텔레콤 본사가 있는 곳.

볼프스부르크.

폭스바겐의 도시.

그 밖에 쾰른, 하이델베르크, 뒤셀도르프, 바이마르, 라이프치히 등.

수많은 도시들과 지방정부는 연방정부와 협력해 균형 발전을 이루고 있다.

제23화

"골고루" 잘 사는 도시

학장님, 영국의 아는 도시 한번 대보세요.

런던!

그리고….

아! 맨체스터, 리버풀.

맨체스터와 리버풀은 축구 때문에 아시는 거죠?

그렇지.

그럼 프랑스는요?

파리.

그리고…… 리옹?

야! 하고 싶은 얘기가 뭐냐?

자! 그럼 독일 도시 한번 대보세요.

베를린, 프랑크푸르트, 뮌헨, 함부르크, 슈투트가르트, 뉘른베르크, 하이델베르크….

줄줄이 나오죠?

그러게? 신기하네?

이제 제가 무슨 얘기 하려는지 감이 오세요?

오!

지방분권!

빙고!

한 나라에 이렇게 귀에 익은 도시들이 많은 건 아마 미국 정도밖에 없을 겁니다.

지역 균형 발전이 잘 되었단 방증이겠군.

대다수 나라의 정치, 문화, 특히 경제가 수도 한곳에 집중된 것과 대조적이죠.

한국만 해도 서울과 지역 간 격차가 이만저만이 아니지.

독일은 사정이 전혀 다릅니다.

오죽하면 연방의 수도인 베를린이 가장 가난한 도시라고 하겠습니까?

왜 그런 거지? 자원이 지방에 더 많은 건가?

그러게.

아니죠. 독일은 천연자원이 부족한 걸로 유명합니다.

세계 4위인 독일 경제는 거의 인적자원에 의존하고 있습니다.

결국 사람이라는 거냐?

예, 인재들이 자기 고장에서 계속 실력 발휘를 한다는 거죠.

중소도시들의 경제자립도가 높은데다 기업들도 전국에 흩어져 있으니까요.

하긴 대학도 그런 것 같다.

하이델베르크 대학, 아헨 공과대학, 괴팅겐 대학, 튀빙겐 대학, 예나 대학 등

명문으로 꼽히는 대학들이 지방에 산재해 있으니까.

괴팅겐 대학이 좋은 예지.

노벨상을 40명 이상 배출한 명문인데,

학교가 있는 괴팅겐은 인구 12만 정도의 작은 시골 도시야.

어떻습니까?

공부하고 돈 벌려고 상경해야 할 이유가 전혀 없지 않겠습니까?

기가 막힌데?

지방자치든 지역 경제 활성화든 모두 사람이 하는 일이니까.

생산과 소비, 지역 문화와 사람들 간의 선순환이 이루어지고 있다는 거잖아?

맞습니다.

오호! 그럼 그게 어떻게 가능한 거지?

학장님! 그것도 제가 전에 힌트를 드리지 않았습니까?

예전에 딴 나라들이 중앙집권화로 나아갈 때, 독일은 잘게 나뉘어 있었던 역사 말입니다.

아!

지역성이 워낙 강해서 제3제국 당시 나치 권력도 끈질기게 중앙집권을 시도했지만 결국 실패했고,

작센이고, 바이에른이고, 뭐고, 모조리 다 게르만이란 말이다!!

2차대전이 끝난 후 서독 지역은 다시 지방의 독립성을 살리는 연방제를 도입했습니다.

서독의 정식 명칭은 독일 연방공화국.

BundesRepublik Deutschland

통일 후에는 당연히 연방국가가 되었고요.

오늘날 독일의 지방분권은 하루아침에 달성된 게 아닙니다.

과거 근대국가 성립 시절에는 하나로
뭉치지 못하는 게 그렇게 아쉬웠지만

영국도 하고 프랑스도 하는
절대 왕정 우린 왜 못하냐?

결과적으로 그런 성향이 골고루 잘 사는
나라를 이루는 중요한 요소가 된 거죠.

반전의 묘미였던 것이냐?

그동안 다니면서
보셨지 않습니까?

튀링겐주 바이마르와 에어푸르트에서 만난
사람들의 정체성이 뭐였습니까?

나 튀링겐 사람이야.

나도.

바이에른에선 또 뭐라고 했습니까?

독일인이요?

무슨 소리? 나 바이에른 사람이야.

심지어 베를린에 사는 사람들조차

난 작센 사람이야.

난 바덴-뷔르템베르크 사람.

각자 알아서 잘 사는 지방들의 연합체.

거기에 더해 통일의 역량.

그게 바로 독일인 겁니다.

좋아! 당장
보고서 써!

여기가 독일에서 손꼽히는 부자 도시래.

여기가요? 뭐라고 했지? 비스 뭐?

비스바덴.

처음 들어봐. 바덴바덴은 들어본 적 있어도.

바덴바덴은 어떻게 알아?

서울 올림픽 개최지 발표했던 데잖아요?

아하!!

바덴은 독일어로 목욕이라는 뜻이 있어.

bad   bath

그러니까 지역명에 바덴이 들어가면 온천 휴양지겠지?

비스바덴은 숲의 온천.

Wiese: 초원, 풀, 숲

암튼 이 한적한 도시 1인당 GDP가 7만 달러가 넘는대.

와! 그 얘기 듣고 보니 도시 때깔이 달리 보이긴 하네요.

온 김에 느긋하게 온천 목욕이나 하고 갈까?

오호! 좋아요.

그런데 말이야. 한 가지 알아둬야 할 게 있거든.

뭔데? 비싸?

독일에선 사우나, 온천이 남녀 혼탕인 경우가 많아.

응? 그거야 뭐 수영복이나 가운 같은 거 입겠죠.

노!

노?

설마!

맞아. 그 설마.

뭐야! 변태들!! 독일 그렇게 안 봤는데!!!

그게 또 뭐 변태야?

언니도 나빠! 가봤다는 거잖아?

그래서, 안 갈 거야?

울긴 왜 울어?

싫어!

싫어!

싫어!

와! 사람 많다.

온 도시가 축제로 한창이네?

여기 어디라고 했지?

뷔르츠부르크야.

독일에는 이런저런 축제가 많대.
엄청 유명한 것도 있잖아?

뮌헨의 옥토버페스트.

맞아. 그 외에도 지방 도시들마다
시시때때로 다양하게 많이 열린대.

여기 오길 잘했네.

마침 딱 축제 기간이라.

날씨도 좋고.

흥겹고.

사람들 표정도 밝고.

뚜렷한 목적 없이 고장 사람들끼리
모여 그저 좋은 날을 즐기는 분위기야.

작은 도시인 데다가 적당히
풍족하니까 가능한 거겠지?

여긴 축제가 아니어도 매력적인 도시 같아.

그러게?

아담하고 예스러우면서
목가적인. 암튼 참 좋네.

와! 다리 좀 봐. 멋진데?

알테 마인교야.

다리 양쪽으로 조각상들이 있는 게…

흡사 프라하에 있는 카를교 느낌이 들지 않냐?

그나저나 이제 여정이 거의 끝나가는데,

독일 보고서 키워드는 정했냐?

아니? 별로 생각 안 해봤는데?

웬일이냐? 가영이한테 힌트도 안 줄 생각이냐?

아! 맞다! 가영이 어디서 만나지?

프랑크푸르트에서 합류하기로 했잖아?

맞다. 얼른 가자! 프랑크푸르트!

야! 야!

독일 행복 키워드 생각해보라니까.

없어! 그런 거.

없어?

응, 난 독일 사람들이 딱히 행복해 보이지 않아.

뭔 소리니?

이 사람들 그냥 잘 사는 거야.

　독일은 연방국가입니다. 각 연방주들은 자체 헌법과 입법, 사법, 행정권을 보유합니다. 지방자치를 마련하기는 했지만 그래도 중앙집권 형태인 한국과 비교하면 독일의 연방주는 부분 주권을 가지고 개별 국가와 유사한 권한을 갖습니다.

　독일 연방공화국의 성립은 제후령으로 잘게 쪼개져서 지역 정치와 문화를 유지해온 오랜 역사에서부터 기인합니다. 근대국가가 성립되는 과정에서도 지역들은 고유의 문화와 삶의 습관을 유지했고, 단일국가로의 통합을 추진한 정치 지도자나 주축 세력들도 완강한 중앙집권 달성을 고집하지 못했습니다. 그 이력이 오늘날까지 자연스럽게 지방분권으로 이어질 수 있었던 겁니다.

　학교에서 세계사 시간에 유럽의 절대 왕정과 근대국가 성립 시기에 대해 배울 때는 그런 독일의 관습과 이력 탓에 주변 열강들에 비해 국력을 모으지 못하고 영국, 프랑스, 스페인 같은 나라들에 비해 세계 식민지 건설에도 후발주자가 될 수밖에 없었다고 나옵니다. 그러나 결과로 치면 그 지지부진했던 통일국가의 성립과 끝내 달성하지 못한 중앙집권화의 덕을 오늘날 독일 국민들이 누리고 있는 셈입니다.

　정치권력 구조와 경제 문화의 지역화로 인해 인구는 적절히 분산되고, 다양한 지역 문화가 보전되며, 지역 단위의 행정 효율이 강화되고, 경제자립도 또한 높아졌습니다. 더불어 주별 단위의 제도 입법 실험이 성공적일 때는 다른 지역과 연방이 참고할 수도 있습니다. 무엇보다 인재와 노동 인구가 수도나 유력 도시로 편중되지 않습니다.

독일의 대다수 주들은 5년에 한 번씩 주 의회 선거를 실시하는데, 예외적으로 브레멘은 아직 4년을 고수하고 있습니다. 다수 의석을 차지한 정당에서 주지사를 중심으로 한 주 정부를 구성하며, 각부 장관들은 주지사가 임명합니다. 연방정부에서 관할해야 하는 외교, 관세, 국방 등을 제외한 거의 모든 행정 업무를 주 정부 소관으로 다룹니다.

　또한 기본법(헌법)에 연방의 입법사항이라고 명시된 것 이외의 모든 사항은 주 의회가 입법권을 가지며, 연방의회와 주 의회의 관계는 수직적이지 않고 상호 효율적인 방식으로 운영됩니다.

연방제와
지방분권

 잘된 지방분권이란 게 말이나 글로만 봐서는 얼마나 유익한지 모를 수 있습니다. 그러나 당장 독일의 아무 곳에나 가서 사람들이 사는 모습을 둘러보면 굳이 학술적인 방법론으로 지방자치에 대해 조사하지 않더라도 몸소 체감할 수 있습니다.

　독일에서 만난 하이델베르크 대학생들에게 오늘날 독일이 차지하고 있는 지역에서 언제부터 독일 민족에 의해 독립된 역사가 시작된 걸로 배우냐고 물은 적이 있습니다. 그들은 "오토 대제? 아니면 프리드리히?" 하며 얼버무리다가 언제부터라고 정하기는 어렵지만 굳이 말하자면 1871년인 것 같다고 대답했습니다.

　바로 숙적 프랑스와의 전쟁에서 이기고 적진의 심장부인 베르사유 궁전 거울의 방에 모인 제후들이 장검을 높이 들며 프로이센의 국왕을 도이치제국의 황제로 추대했던 때를 말하는 것입니다.

　독일 땅 사람들의 역사적 정서는 확실히 그때를 기점으로 나뉘는 것 같습니다. 외형상으로 봐도 독일 땅에 사는 사람들이 일치된 의식으로 주변국과 외세를 대하고 처음으로 민족 통합이라는 소기의 성과를 달성한 것이 그때인 것 같습니다.

　그때 구체적으로 조성된 하나의 독일이라는 국민 정서가 이후 역사에서 도이칠란트라는 이름의 국가를 이루는 명분이자 중요한 요소로 작용했나 봅니다. 그래서 독일 역사를 연구하는 학자들 사이에서는 1989년에 장벽을 허물고 1990년에 이룩한 것을 독일의 재통일이라고 부르는 사람도 있습니다.

　독일 사람들은 단일국가의 국민이 되고 난 다음부터 오히려 롤러코스트를 탄 것처럼 다사다난한 질곡의 세월을 겪었습니다. 국경을 맞대고 유럽 본토에서 우열을 다투는 프랑스와 내내 신경전을 펼쳤고 그 너머 영국을 포함한 열강들을 상대로 벌인 1차대전 후에는 패전국의 국민이었기에 자존심이 실추된 세월을 감내해야 했습니다. 바이마르공화국을 거쳐 다시 원기를 회복하는가 싶더니 이어진 경제대공황의 여파로 극심한 인플레이션에 시달렸습니다. 그리고 히틀러가 주름잡는 세상에서는 왜곡된 민족의식을 가지고 살다가, 2차대전에서 패망하고 나서는 씻을 수 없는 오명과 함께 세계 역사에 저지른 과오에 대한 연대책임을 지고 살았습니다.

　독일 땅에 사는 독일 국민을 하나인 상태로 그냥 둬선 안 된다는 주변국들의 결정을 숙명으로 받아들였고, 그렇게 자숙의 세월을 보내는 동안 생긴 의식은 우수하고 바람직한 독일인이라는 자의식에 섞여 들어갔습니다.

　그래서 첫 번째 독일 통일이었다고 할 만한 1871년에 고양되었던 것과 분단을 겪은 후 1990년에 다시 하나로 합해졌을 때 느꼈던, 하나의 독일 국민이라는 의식 사이에는 전혀 다른 감회가 있을 겁니다.

　전자가 오래전 로마의 역사가 타키투스가 쓴 『게르마니아』의 발견으로 일깨웠던, 프랑스 군대에 의해 점령되었을 당시 피히테가 '독일 국민에게 고함'이라고 외쳤던 자긍심에 가까웠다면 후자는 역시 성찰과 연대책임이 섞인 자의식일 겁니다.

　독일인으로 산다는 것, 세계 경제 4위의 강국에서 합리적인 정치 체제 아래 선진적인 복지를 꾸리며, 더욱이 통일의 저력과 효과를 누리며 산다는 것이 한편으로는 부럽기도 합니다. 그러나 한 나라의 국민으로서 영국이나 프랑스, 이탈리아 국민들에 비해 상대적으로 더 진지할 수밖에 없는 독일 국민들의 고단함이 느껴지기도 합니다.

　어쩌면 그런 진지함과 끊임없는 성찰이 오늘날 독일의 모습을 있게 하는 건지도 모릅니다.

2003년 독일 공영방송 ZDF는 독일 국민들을 대상으로 설문조사를 실시했다.

"가장 위대한 독일인은 누구인가?"

질문을 받은 독일인들은 독일과 세계사에 영향을 끼치고
업적을 남긴 수많은 위인들을 떠올렸을 거다.

활판 인쇄술의 구텐베르크,

대문호 괴테,

종교개혁가 마르틴 루터,

20세기를 뒤흔든 사상가 칼 맑스 등.

그런데 조사 결과 네 번째로 선정된 이름은 세상에 널리 알려진 위인이 아니었다.

한스 숄과 소피 숄.

한스와 소피는 독일에서 나치가 득세하던 때,
뮌헨 대학교를 다니던 학생이었는데,

한스는 의대생,

소피는 철학도.

남매였던 둘은 조국이 히틀러의 선전 선동에
경도되어 병들어가는 현실을 개탄했다.

더는 두고 볼 수 없어.

1943년 어느날 그들은 나치의 만행을 고발하고 경종을 울리겠다는 결연한 각오로

나설 때다!

정권을 규탄하며 국민들의 양심에 호소하는 전단지를 교정에 뿌렸다.

히틀러는 쓰레기다!

숄 남매는 곧바로 체포되어 재판에 넘겨졌고, 단 며칠 만에 처형되었다.

반역자들!

인륜을 벗어난 권력의 타락상을 고발하려다 꽃다운 나이에 숨을 거둔 아름다운 남매.

······

그들이 소수의 동료들과 함께 결성했던 저항 모임의 명칭은 '하얀 장미'였다.

제24화

"Die Weiße Rose"
디 바이쎄 로제, 하얀 장미

너 그 책 읽어봤어?

뭐?

『아무도 미워하지 않는 자의 죽음』

아! 숄 남매의 누이 잉게 숄이 쓴 책?

그래, 동생들의 짧았지만 숭고했던 행적을 기록한.

원래 제목은 『Die Weiße Rose』.

잉게 숄은 전쟁이 끝난 후 자기 동생들이 조국에 바란 진심을 알리는데 힘을 썼대.

그런데 난 독일 여정이 다 끝나가는 마당에 왜 자꾸 이 책이 생각나는 걸까?

그건 아마도…

……?

여기 있는 동안 유심히 봐온 독일인들의 표정에서 뭔가를 읽었기 때문 아닐까?

그래?

독일 공영방송에서 조사한 설문 결과도 흥미롭지 않아?

응?

unsere BESTEN
(our BEST)

숄 남매가 네 번째로 선정된 거 말야.

1 Adenauer
2 Luther
3 Marx
4 Scholl
5 Brandt
6 Bach
7 Goethe
8 Gutenberg

아아!

바흐나 베토벤, 브람스처럼 전 세계가 아는 음악가들이나

노벨상을 받은 과학자들보다,

괴테나 칸트 같은 걸출한 문필가와 철학자들보다

그 남매가 더 위대하다고 답한 독일인들이 많았다는 거잖아?

숭고한 희생이었으니까.

그리고 치부의 기억이기도 하지.

과거 온 나라가 전체주의에 오염되었을 때 힘겹게 피었다가 꺾인 고결한 꽃이었으니까.

312

이들에게는 패전과 분단,
국토의 황폐화보다

올바른 독일인상의 훼손이
더 힘든 문제였을 거야.

성실하고 윤리적인 독일인의 땅에서

가장 반인륜적인 권력이 활개를
치도록 방조되었다는 사실.

그래서 인정하고
부단히 성찰하면서,

내부를 향한
경계를 늦추지 않고,

포용과 유대를 솔선하는
부담을 짊어지는 거겠지.

경제대국으로 성장하고,

유럽과 국제사회에서의
위상이 더 높아질수록

더 진지하게, 더 신중하게,
스스로를 살피면서.

그런데 통일은 정말 대박이었어.

아마도 이 나라 사람들이 겪었던
가장 환희에 찬 경험이었을 거야.

천문학적 돈이 들었다지만 그 비용을
상쇄하고도 남을 만큼 값진 일이고,

이들의 삶과 역사에 활력을 채워준
축복의 기회였던 게 분명해!

그리고 그 기회를 잘 살리고 활용했지.

이 나라 사람들에게서 가장 부러운 게
뭐냐고 묻는다면 난 주저없이 말하겠어.

"저 아저씨, 내가 아는 사람이야."

독일에 함께 갔던 아들이 베를린의 어느 식료품점에서 웬 독일 남자를 가리키며 말했다. 독일에 처음 와본 녀석이 누굴 보고 아는 척인가 싶었는데, "저 아저씨, 베를린 필하모닉 플루트 연주자야"라고 한다.

마침 독일 여정과 통역 인터뷰를 도우며 동행했던 분이 현지 음악인들과 친분이 있어서 아들의 말을 확인해줬다.

"맞아. 어떻게 알았어?"

어릴 때부터 음악과 악기를 좋아해서 관현악곡을 즐겨 듣고, 저명한 지휘자들의 연주 영상을 봐온 녀석이었다. 특히 베를린 필하모닉 단원들에 관해서는 누나 형들이 아이돌 팝스타를 대하는 것처럼 애정을 갖고 있었으니, 마트에서 단원을 만난 건 녀석으로선 그야말로 횡재였을 거다. 게다가 우리는 바로 다음날 베를린 필하모닉의 정기연주 공연을 예매해둔 상황이었다.

현지 통역 코디네이터가 잔뜩 상기된 표정을 한 녀석의 심정을 눈치 채고, 장 보는 걸 마치고 돌아가려던 남자를 불러 세워 자초지종을 얘기했다. 한국에서 온 초등학생 꼬마가 자기를 알아봤다는 말을 듣고 꽤 유쾌해진 남자는 내일 공연 후 백스테이지로 와서 다른 단원들도 만나보라며 그 자리에서 우리를 초대했다. 대박이었다.

그렇게 해서 마련된 자리에서 녀석은 화면과 내한 공연 무대에서만 봤던 스타 연주자들과 어울려 얘기를 나누고, 공연 뒤에는 무대의 지휘자 단상에도 올라가봤다. 자기가 그토록 좋아하는 사이먼 래틀이 베를린 필하모닉의 지휘자로 수년간 섰던 그 자리에 말이다.

"아빠, 꿈인지 현실인지 구분이 안가."

녀석은 모르겠지만 독일의 브란덴부르크 문 앞 광장에서 느꼈던 내 감회도 그랬다.

마치 꿈을 꾸는 듯했고, 장벽이 무너지던 그날 독일 사람들이 누렸던 비현실적인 판타지가 가슴에서 머리로 솟구치는 느낌이었다. 그건 순전히 내가 분단된 한반도에 살며 부모님 세대로부터 전쟁의 기억을 전해 듣고 냉전의 기운을 아직 체감하는 한국인이기 때문이다.

우리에게 독일은 '통일'이라는 주제를 빼놓고 얘기할 수 없는 나라다. 더불어 그들이 이미 달성한 일을 우리는 꿈으로만 상상하면서 요원한 희망으로 삼은 지 너무 오래되었다.

언제나 될까? 되기는 할까?

나의 세대가 아니라면 아들 녀석이라도 어느 날 비무장지대 어느 곳에서 꿈인지 현실인지 구분이 안 가는 상황을 맞이하길 바란다. 더없이 예쁘게 노을 지는 하늘 아래에서……

2019년 7월 출간을 앞둔 어느 날, 김재훈

2015년 10월 오케스트라 지휘자가 꿈이던 6살 김율

감수 조성복

독일정치연구소장. 학문과 현실을 부지런히 오가는 정치학자로 연세대학교 경제학과를 졸업하고 10년 가까이 직장 생활을 하다가, 1997년부터 2007년까지 독일에서 유학하여 쾰른 대학교에서 정치학 박사 학위를 받았다. 이후 베를린 소재 주독대사관에서 전문연구관으로 2년 넘게 근무하였다. 2010년 귀국하여 대학, 국회, 정당 등에서 연구교수, 정책연구위원 등으로 일했다. 저서로 『독일 정치, 우리의 대안』(2018), 『독일 사회, 우리의 대안』(2019), 『독일 연방제, 우리의 대안』(근간) 등이 있다.

cho.sungbok@daum.net

교양만화로 배우는 글로벌 인생 학교

어메이징
디스커버리 ❸
독일

초판 1쇄 발행 2019년 7월 22일 **초판 4쇄 발행** 2024년 10월 18일

지은이 김재훈
펴낸이 최순영

출판1 본부장 한수미
라이프 팀장 곽지희
디자인 김준영

펴낸곳 ㈜위즈덤하우스 **출판등록** 2000년 5월 23일 제13-1071호
주소 서울특별시 마포구 양화로 19 합정오피스빌딩 17층
전화 02) 2179-5600 **홈페이지** www.wisdomhouse.co.kr

ⓒ 김재훈, 2019

ISBN 979-11-90182-60-7 04900
     979-11-89709-97-6 (세트)